창작자의 세계관 확장을 위한

유럽괴물도감

창작자의 세계관 확장을 위한

유럽괴물도감

초판 1쇄 발행 | 2024년 10월 28일

지은이 | 강민구
그린이 | 구하윤
펴낸이 | 박영욱
펴낸곳 | (주)북오션

주　소 | 서울시 마포구 월드컵로 14길 62 북오션빌딩
이메일 | bookocean@naver.com
네이버포스트 | post.naver.com/bookocean
페이스북 | facebook.com/bookocean.book
인스타그램 | instagram.com/bookocean777
유튜브 | 쏠쏠TV · 쏠쏠라이프TV
전　화 | 편집문의: 02-325-9172　영업문의: 02-322-6709
팩　스 | 02-3143-3964

출판신고번호 | 제 2007-000197호

ISBN 978-89-6799-842-4 (03920)

*이 책은 (주)북오션이 저작권자와의 계약에 따라 발행한 것이므로 내용의 일부 또는 전부를
　이용하려면 반드시 북오션의 서면 동의를 받아야 합니다.
*책값은 뒤표지에 있습니다.
*잘못 만들어진 책은 구입하신 서점에서 교환해 드립니다.

창작자의 세계관 확장을 위한

유럽괴물도감

강민구 지음 | **구하윤** 그림

북오션

　유럽에는 어떤 귀신들이 살고 있을까?
　유럽에 존재한다고 여겨지는 수많은 귀신과 괴물은 존재 여부를 떠나서 흥미로운 외형과 능력때문에 오늘날 전 세계 문화 콘텐츠에 큰 영감을 준다. 북유럽 신화를 원형으로 만든 영화 〈토르〉 시리즈, 유럽 신화와 민담에 등장하는 괴물들이 등장하는 〈해리 포터〉 시리즈와 〈캐리비안의 해적〉 시리즈 등 유럽의 다양한 귀신과 괴물은 수많은 콘텐츠로 재탄생하고 있다. 이런 시점에서 유럽에 아직 알려지지 않은 신비한 존재들을 도감으로 만드는 것은 단순한 흥미를 넘어 문화 콘텐츠를 즐기는 관객들과 콘텐츠를 만드는 제작자들에게 무한한 영감을 줄 것으로 생각한다.
　본책에서는 비교적 덜 알려진 유럽의 귀신들을 도감화하였다. 본책에서 귀신이라는 용어는 괴물, 요정, 정령 등 신화와 민담, 도시전설 등에 등장하는 신비한 존재들을 통칭한다. 스코틀랜드, 아일랜드, 영국, 프랑스, 독일 등 유럽 전역의 사례들을 조사하였으며 특히 해당 지역에 존재하는 신화와 민담, 도시전설 등에 등장하는 귀신들 중 덜 알려져 있지만 흥미로운 것들로 100마리의 귀신들을 선별해 보았다. 또한 귀신들의 정보가 충분치 않은 경우, 맥락 내에서 상상력을 활용하여 내용을 덧붙였다.

유럽에는 천둥의 신 토르, 피를 빨아먹는 뱀파이어 등 이미 너무나도 잘 알려진 존재들 말고도 너무나도 많은 흥미로운 귀신들이 있다. 다양한 개성을 지닌 귀신들을 만나보면 머릿속에서 새로운 상상력이 가지를 뻗기도 하고, 그 귀신을 창조해낸 사람들의 생각에 대해서도 알아가게 된다.

책을 읽다가 주변에 한기가 돈다면, 어떤 존재가 당신 옆에 있을지는 책임지지 않겠다.

저자 강민구

목차

들어가며   004

001 가고일 *Gargoyle*	010	015 기겔로룸 *Gigelorum*	038
002 가에우코 *Gaeuko*	012	016 길리두 *Ghillie Dhu*	040
003 간카나 *Gancanagh*	014	017 너켈라비 *Nuckelavee*	042
004 게프 *Gef*	016	018 노커 *Knocker*	044
005 궐기 *Gwyllgi*	018	019 니크네빈 *Nicnevin*	046
006 궐리온 *Gwyllion*	020	020 닉시 *Nixie*	048
007 그렘린 *Gremlin*	022	021 도바르츄 *Dobhar-chú*	050
008 그로크 *Groac'h*	024	022 돼지 얼굴의 여인 *Pig-faced women*	052
009 그르기 가울위드 *Gwrgi Garwlwyd*	026	023 둘라한 *Dullahan*	054
010 그리핀 *Griffin*	028	024 라벨란 *Lavellan*	056
011 그림리퍼 *Grim Reaper*	030	025 레버넌트 *Revenant*	058
012 글라스 가이브넨 *Glas Gaibhnenn*	032	026 레아난 시데 *Leanan sidhe*	060
013 글래시틴 *Glashtyn*	034	027 루 카르콜 *Lou Carcolh*	062
014 글레이스티그 *Glaistig*	036	028 매기 물라흐 *Maggy Moulach*	064

029	모르겐 *Morgen*	066
030	민치의 파란 남자들 *Blue men of the Minch*	068
031	바르베가지 *Barbegazi*	070
032	바반시 *Baobhan sith*	072
033	바실리스크 *Basilisk*	074
034	바우찬 *Bauchan*	076
035	바이어스트 브홀라흐 *Biasd Bheulach*	078
036	밴시 *Banshee*	080
037	버게인 *Buggane*	082
038	베오울프 *Werewolf*	084
039	베이티르 *Beithir*	086
040	보다흐 *Bodach*	088
041	부굴노즈 *Bugul Noz*	090
042	부브리 *Boobrie*	092
043	부카 *Bucca*	094
044	브라단 파서 *Salmon of Knowledge*	096
045	브라우니 *Brownie*	098
046	블러디 본즈 *Bloody Bones*	100
047	삼카 *Samca*	102
048	선나이드 *Seonaidh*	104
049	셀키 *Selkie*	106
050	셸리코트 *Shellycoat*	108
051	스토어 웜 *Stoor worm*	110
052	스프리건 *Spriggan*	112
053	슬러그 *Sluagh*	114
054	씨 마이더와 테란 *Sea Mither & Teran*	116
055	아데네 *Adhene*	118
056	아바리몬 *Abarimon*	120

057 아칸소니 *Arkan Sonney*	122	
058 아판크 *Afanc*	124	
059 암 피어 리아스 모르 *Am Fear Liath Mòr*	126	
060 얀간트이탄 *Yan-gant-y-tan*	130	
061 에흐으시커 *Each-uisge*	132	
062 엔바르 *Enbarr*	134	
063 엘렌 트레첸드 *Ellén Trechend*	136	
064 오울맨 *Owlman*	138	
065 울버 *Wulver*	140	
066 워터 리퍼 *Water leaper*	142	
067 워터불 *Water bull*	144	
068 월퍼팅거 *Wolpertinger*	146	
069 조인트 이터 *Joint-eater*	148	
070 지미 스퀘어풋 *Jimmy Squarefoot*	150	
071 체인지링 *Changeling*	152	
072 치레인 크로인 *Cirein-cròin*	154	
073 카스 팔루그 *Cath Palug*	156	
074 카오이네그 *Caoineag*	158	
075 코블리나우 *Coblynau*	160	
076 쿠시스 *Cù-sìth*	162	
077 쿤 아눈 *Cŵn Annwn*	164	
078 크라켄 *Kraken*	166	
079 크람푸스 *Krampus*	168	
080 클루리콘 *Clurichaun*	170	
081 킬모울리스 *Kilmoulis*	172	
082 타라스크 *Tarasque*	174	
083 타첼부름 *Tatzelwurm*	176	
084 탕기 *Tangie*	178	

085	트로우 *Trow*	180	**099**	헨웬 *Henwen*	208
086	트롤 *Troll*	182	**100**	히시 *Hiisi*	210
087	파르다릭 *Far darrig*	184			
088	파일리니스 *Failinis*	186			
089	파찬 *Fachan*	188			
090	페노디리 *Fenodyree*	190			
091	페흐 *Pech*	192			
092	포모리안 *Fomorians*	194			
093	포우리 *Powrie*	196			
094	푸아스 *Fuath*	198			
095	푸카 *Púca*	200			
096	피어 고르타 *Fear gorta*	202			
097	픽시 *Pixie*	204			
098	하프구파 *Hafgufa*	206			

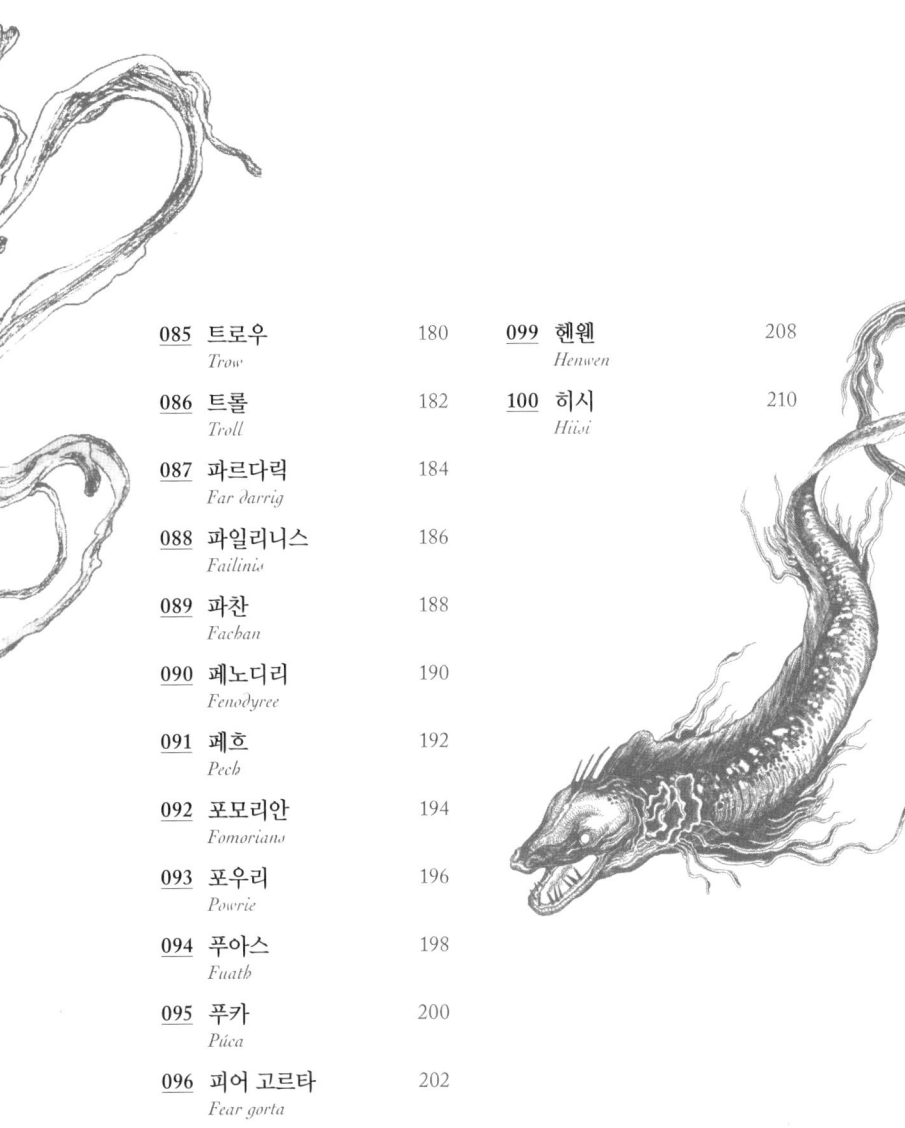

가고일
Gargoyle

　가고일은 유럽 민담에 등장하는 날개 달린 악마이다. 낮에는 돌로 만들어진 동상의 모습으로 굳어있으며, 유럽의 성당과 같은 고딕 양식의 건물에서 목격된다. 하지만, 밤이 되면 돌로 굳어져 있던 몸이 풀어지면서 자유롭게 날아다닌다.

　가고일은 흉측한 생김새와는 다르게 악을 물리치는 정의로운 일을 수행한다. 또한, 교회나 성당으로 들어오는 사악한 기운들을 무찌른다.

　가고일은 영원불멸하며, 자신의 모습을 위장하는 능력이 있다. 또한, 기본적으로 몸이 돌로 되어 있기에 육체적인 공격에 별다른 피해를 입지 않는다. 하지만, 해가 뜨기 전에 자신이 머물러 있던 장소로 돌아오지 못하면 그대로 돌로 변하여 영원히 움직이지 못한다.

가에우코
Gaeuko

가에우코는 스페인 북부 바스크 지역 민담에서 전해 내려오는 악령이다. 가에우코는 밤에만 활동하며, 밤을 이용해 옳지 못한 일을 하는 사람들을 처벌한다.

늑대의 다리를 갖고 있어 매우 민첩하고 강하며, 몸은 마치 검은 불꽃이 타오르는 듯한 모양을 하고 있다. 검은 몸의 색을 이용하여 밤에 자신의 몸을 숨긴 채 자유롭게 돌아다니며 사냥감이 된 인간들을 잔인하게 살해한다.

가에우코는 사람을 사냥할 때 소름끼칠 정도로 기괴한 울음소리를 내어 목표로 삼은 사람을 극도의 공포로 몰아넣는다. 그러고는 몸을 숨겨 가까이 다가가 사냥감의 눈앞에 갑작스럽게 나타난 뒤 한입에 삼켜버린다.

가에우코는 어둠에 몸을 숨기는 대신 소나 늑대 등과 같은 짐승으로 변신하기도 한다.

간카나
Gancanagh

   간카나는 여성을 유혹하는 것으로 알려진 북아일랜드 신화 속 남성 요정이다. 여성을 유혹하는 요정답게 외형은 미남형이다.

   간카나는 마을을 떠돌며 인간 여성을 납치한다. 특히, 시골에서 양을 돌보거나 집안일을 하는 등 혼자 일을 하는 여성을 유혹하여 납치를 하는데, 결국 여성의 목숨을 빼앗는다.

   간카나에게는 그림자가 없으며, 그의 주변에는 항상 희미한 안개가 감돈다고 알려져 있다. 여성은 십자가를 간카나에게 보여주어 퇴치할 수 있다. 하지만, 간카나의 유혹에 넘어가 포옹이나 키스를 나눈 뒤에는 십자가를 보여줘도 효력이 없다고 한다.

게프
Gef

  게프는 말하는 몽구스이며, 어빙(Irving)이라고 하는 한 가문이 소유한 농가에 거주한다고 알려져 있다.

  1931년 어빙 가문의 딸 보이리라(Voirrey)는 농가의 벽 뒤에서 무언가가 지속적으로 긁는 소리를 들었다고 한다. 하루는 사람이 말하는 소리가 들려서 가보니 몽구스, 즉 게프가 있었다고 한다. 게프는 갑자기 유창한 영어로 자신은 인도 뉴델리에서 태어났다고 주장하였다. 게프는 쥐 정도 크기의 몸집과 덤불 같은 꼬리를 갖고 있었다. 이후, 마을을 중심으로 농가에 사는 게프는 유명해졌고, 사람들은 게프를 보기 위해 방문했다. 하지만, 게프가 사람들 앞에서 말하는 모습은 쉽게 볼 수 없었기에 사람들은 어빙 가문의 말을 믿지 않았다.

  1946년 어빙이 세상을 떠나자, 보이리라를 비롯한 가족들은 집을 떠났다. 이후 새로운 주인은 게프를 총으로 쏴죽였다고 한다. 게프가 정말 말하는 몽구스였는지는 아직까지 밝혀지지 않았다.

궐기
Gwyllgi

궐기는 웨일스 민담에 등장하는 큰 개다. 몸집은 황소의 크기와 비슷하며, 빨간 눈에 흉폭한 외형이 특징이다. 궐기는 영국 전역에서 목격되는데 시골이나 도시의 외곽지역, 특히 공동묘지 주변 등에서 마주쳤다는 목격담이 있다.

궐기와 눈이 마주친 사람들은 온몸이 마비되어 움직일 수 없다고 전해진다. 궐기는 밤거리를 걷는 사람의 뒤를 따라다닌다. 궐기를 목격했다는 사람들은 하나같이 무서운 외형에 겁에 질렸다고 말한다. 하지만, 무시무시한 외형에도 불구하고 사람을 공격하거나 잡아가지는 않고 한동안 쳐다보다가 사라진다고 한다.

물리적인 위협을 가하지는 않지만, 어쨌든 궐기를 밤거리에서 마주치는 것은 불운을 가져온다고 믿기에 사람들은 이 짐승과 마주치지 않길 바란다.

궐리온
Gwyllion

　궐리온은 영국 웨일스 민담에 전해 내려오는 정령이다. 생김새는 늙은 여자의 모습을 하고 있으며, 마녀와 같은 존재로 여겨진다. 보통 궐리온은 밤이나 안개가 자욱한 날 외진 곳을 거닐고 있는 사람들에게 나타난다. 궐리온을 만난 사람은 이미 자신의 위치를 잃고 방황하고 있는 상태라고 한다.

　한 목격자에 따르면, 안개가 자욱한 날 산등성이에서 궐리온을 만났다고 한다. 길을 잃은 할머니라고 생각한 목격자는 그녀에게 말을 걸었으나, 대답하지 않았고 곧이어 괴이한 미소를 지으며 '킥킥' 소리를 내며 웃었다. 목격자는 그때 자신이 궐리온을 만났다는 것을 깨달았다. 두려움을 이겨내고 자신이 가져온 칼을 꺼내들자 궐리온은 사라졌다.

　이처럼 궐리온을 퇴치하기 위해서는 철로 만들어진 칼이나 날카로운 물건을 소지해야 한다. 그렇지 않으면 영영 길을 잃고 굶주리게 되거나, 궐리온의 저주에 걸려 사망에 이른다고 한다.

그렘린
Gremlin

　그렘린은 1차 세계 대전 전후 영국 조종사들 사이에서 회자되기 시작한 짓궂은 장난을 치는 요정이다. 외형의 묘사에 대해서는 이야기마다 다르지만, 손바닥만 한 크기의 키와 주름진 몸, 2개의 날개 등을 가진 박쥐를 닮은 모습으로 전해진다.

　1920년대 인도, 중동 등에 주둔하고 있던 영국 조종사들은 원인 모를 기체의 기술적 결함 발생이나, 비행 중 겪는 다양한 의문의 현상들을 그렘린 탓이라고 말하였다.

　그렘린은 기계 만지는 것을 좋아하여, 공군 기지에 머무르며 자신이 좋아하는 부품들을 몰래 훔쳐 달아나는 습성이 있다. 조종사가 기체를 운전할 때, 함께 몰래 탑승하여 중요한 순간 기계 오작동을 일으키게 하거나 전선을 자르는 등의 장난을 친다. 때때로 심한 장난을 치기에 기체가 추락하기도 한다.

　하지만, 자신이 기분이 좋을 때는 오히려 망가진 기계를 고쳐놓거나 존재하지 않는 새로운 기술을 적용한 설계도를 그려놓는 등 도움을 주기도 한다.

그로크
Groac'h

그로크는 프랑스 지역 브래튼 신화에 나오는 해변가의 동굴이나 바다 속에 사는 요정이다. 그로크는 마르고 늙은 여성의 모습을 하고 있으며, 입에는 바다표범의 것과 닮은 커다란 2개의 송곳니가 있다고 한다. 또한, 팔다리에는 비정상적으로 긴 손톱과 발톱이 나있다.

그로크는 밤에 활동하며, 자신의 모습을 바꿀 수 있는 마법이 있다고 한다. 또한, 연금술도 부릴 수 있어 죽은 나무를 흔들어 금으로 바꿀 수도 있다. 보통, 바다 주변을 지나는 인간들을 해치는 악마로 묘사되지만 때에 따라서는 인간들에게 보물과 치료약 등을 제공하기도 한다.

민담에 따르면, 한 여성은 바다를 거닐다 그로크가 물레로 실을 뽑는 것을 봤다. 여성은 그로크와 다정하게 이야기를 나누었고, 그로크는 보답으로 보물을 여성에게 선물했다. 하지만, 자신이 보물을 주었다는 사실은 비밀로 할 것을 당부했다. 여성은 보물로 행복한 삶을 살게 되지만, 결국 유혹에 못 이겨 주변 사람에게 그로크가 보물을 준 사실을 자랑했다. 남들에게 비밀을 말하는 순간, 여성은 모든 보물을 잃고 거지가 되고 말았다.

그르기 가울위드
Gwrgi Garwlwyd

　그르기 가울위드는 웨일스 전설 속에 존재하는 전사이다. 하지만 인간은 아니다. 늑대와 인간이 혼합된 늑대인간으로, 신체능력이 매우 뛰어난 것으로 전해진다. 아서왕과 전투를 벌인 적이 있다고 기록되어 있으며, 주기적으로 인간을 살육할 정도로 사나운 성격을 갖고 있다.

그리핀
Griffin

　그리핀은 그리스와 로마 신화에서 등장하는 전설의 동물이다. 그리핀은 사자와 독수리가 혼합된 외형을 하고 있다. 머리와 날개는 독수리의 것을, 몸통·꼬리·뒷다리는 사자의 것을 갖고 있다.

　그리핀은 매우 강력한 신체능력을 바탕으로 뛰어난 전투력을 지니고 있으며, 금과 같은 귀중한 광물이 묻힌 곳 주변에 알을 낳고 산다고 전해진다.

　그리핀의 발톱은 질병을 퇴치하는 약효를 지니며, 깃털은 시각 장애인의 시력을 회복시킬 수 있다고 한다.

그림리퍼
Grim Reaper

그림리퍼는 유럽 전역의 민담에서 전해 내려오는 일종의 저승사자이다. 온몸은 해골로 되어있으며, 어두운 두건과 망토를 입고 있다. 그는 거대한 낫을 들고 다니는데, 낫을 이용하여 인간의 영혼을 거두어 간다.

그림리퍼가 처음 등장한 것은 14세기경 유럽으로 추정한다. 당시 유럽 전역을 강타한 흑사병으로 인해 수많은 사람들이 죽음을 당했고, 너무 많은 사망자가 발생하여 유럽 전역에서 장례식이 매일 치러졌다. 그림리퍼가 입고 있는 검은 두건과 망토는 종교인들이 장례식에 참여할 때 입은 의복이다. 그림리퍼가 해골인 이유는 부패한 인체를 나타내기 위한 것이며, 당시 유럽 전역을 휩쓸었던 죽음이 그림리퍼라는 존재로 상징화된 것이라 추정한다.

글라스 가이브넨
Glas Gaibhnenn

글라스 가이브넨은 아일랜드 민담에 등장하는 전설의 젖소이다. 무한에 가까울 정도로 많은 양의 우유를 생산할 수 있는 능력이 있으며, 다산과 부, 풍족함의 상징이다. 글라스 가이브넨은 기본적으로 하얀 젖소이지만, 군데군데 녹색 반점이 있다.

글라스 가이브넨은 기본적으로는 풍족한 우유만을 제공하지만, 소유하는 자에게는 행운과 풍족한 재산 등을 선물해주기 때문에 신화 속 많은 인물들은 글라스 가이브넨을 소유하기 위해 다양한 노력을 한다.

글래시틴
Glashtyn

글래시틴은 아일린드해 맨섬 신화에서 전해 내려오는 전설적인 생물이다. 바닷속에 서식하며, 상반신은 말이고 하반신은 물고기의 꼬리를 갖고 있다.

글래시틴은 자신의 몸을 마음대로 바꿀 수 있다. 특히, 인간 여성을 좋아하기에 자신의 모습을 잘생긴 남성으로 모습을 바꾸고 여성을 유혹하여 바닷속으로 끌고 가는 습성이 있다.

납치당한 여성이 글래시틴으로부터 탈출하기 위해서는 두 가지 방법이 있다. 첫 번째는, 글래시틴은 자신이 납치한 여성의 드레스의 끝단을 무는 습관이 있는데 잠든 사이 글래시틴이 물고 있는 드레스의 끝단을 몰래 자르는 것이다. 두 번째는, 붉은 수탉의 울음소리를 들려주는 것이다. 글래시틴은 주로 밤에 활동을 하기 때문에, 가까운 곳에서 붉은 수탉의 울음소리가 들리면 공포에 질린다고 한다.

글래시틴의 두 다리의 말발굽은 특이하게도 거꾸로 되어있다.

글레이스티그
Glaistig

　글레이스티그는 스코틀랜드 신화에 나오는 여성 정령이다. 매우 아름다운 외형을 갖고 있으며 나뭇잎과 꽃으로 이루어진 녹색 드레스를 입고 있다. 하지만, 그녀의 하반신은 염소로 되어있다. 긴 녹색 드레스는 그녀의 하반신을 가려주기 때문에 얼핏 보면 일반적인 사람으로 착각하기 쉽다.

　그레이스티그는 아름다운 외형과는 다르게 거칠고 사나운 성격을 지니고 있다. 숲을 지나는 남성들을 노래와 춤으로 유혹해서 자신의 은신처로 유인한 다음 그들을 죽여 피를 마신다고 전해진다. 또한, 자신의 노래와 춤에 유혹되지 않는 여행자들에게는 돌을 던지거나 나무가 쓰러지게 하는 등 심술을 부려 길을 잃게끔 만든다.

　그녀는 사람이었을 때 귀족 집안의 딸이었다고 추정되며 저주에 걸려 하반신이 염소로 변했다고 한다. 그레이스티그는 사람에게는 적대적이지만, 숲에 사는 동물들을 보호하는 숲의 정령으로도 알려져 있다. 따라서, 사냥꾼들이 동물들을 사냥하지 못하도록 방해하기도 한다.

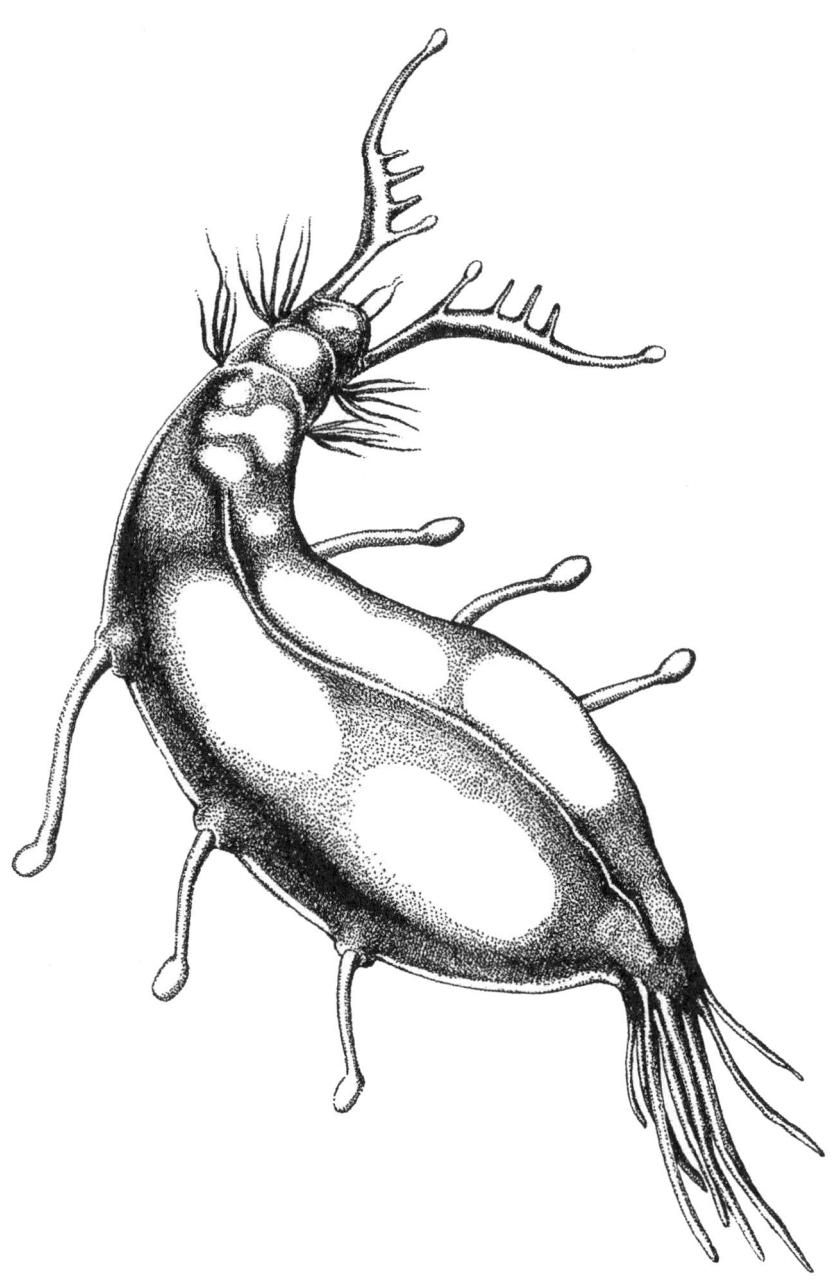

기겔로룸
Gigelorum

　기겔로룸은 스코틀랜드 민담에서 전해 내려오는 곤충이다. 기겔로룸의 크기는 너무나도 작아 사람의 눈으로 보면 모래알처럼 보인다고 한다. 진드기의 귓속에 서식하며 먼지 등을 먹는 것으로 알려져 있다. 기겔로룸이 어떤 능력과 습성을 갖고 있는지에 대해 알려진 정보는 거의 없다.

길리두
Ghillie Dhu

길리두는 스코틀랜드 민담에 등장하는 고독한 남성 요정이다. 검은 머리에 나뭇잎과 이끼로 만든 옷을 입고 있으며, 스코틀랜드 북부 지역에 있는 자작나무 숲에 산다고 전해진다.

길리두는 친절하고 과묵한 성격이며, 아이들에게 매우 온화한 태도를 갖는다고 한다. 하지만 숲을 해치거나 아이들을 위협하는 등의 광경을 목격하면 매우 사납게 변한다.

제시(Jessie)라는 한 소녀는 스코틀랜드 북서부의 한 자작나무숲에서 놀다가 길을 잃었다. 제시는 이리저리 돌아다니다 나뭇잎과 이끼로 만든 한 남성을 만났고, 보호자가 와서 데려갈 때까지 안전하게 자신을 보호해 주었다고 말했다. 지역 사람들은 제시의 말을 듣고 그 남성이 길리두일 것으로 추측했다. 고마움을 표하기 위해 사람들은 숲에서 길리두를 찾으려 했지만 도저히 찾을 수 없었다고 한다.

너켈라비
Nuckelavee

너켈라비는 스코틀랜드 북부 민담에서 전해 내려오는 악마이다. 너켈라비는 말을 타고 있는 인간의 모습을 하고 있지만, 자세히 보면 타고 있는 것이 아닌 인간의 상체가 말의 등에 붙어있는 모습이다. 너켈라비의 살갗은 모두 벗겨져 붉은 근육이 그대로 노출되어 있어 매우 끔찍하다. 붉은 근육 속으로 너켈라비의 검은 피가 흐르고 있다. 너켈라비의 숨결은 주변의 농작물과 동물 등 생물을 모두 죽일 수 있을 만큼 독성을 갖고 있다. 또한, 너켈라비가 지나간 곳에는 전염병이 창궐하고, 가뭄과 기근이 찾아온다. 너켈라비의 몸통과 붙어있는 말은 뜨거운 증기를 입에서 뿜어내며, 하나의 큰 눈을 갖고 있다.

너켈라비는 바다에서 서식하며, 주변 섬에 사는 사람들에게 큰 공포의 존재이다. 하지만, 너켈라비는 담수에 닿으면 큰 고통을 느끼기 때문에, 그를 만났을 때 도망치기 위해서는 소금기가 없는 개울이나 강을 건너야 한다.

노커
Knocker

　노커는 영국 콘월 지역 민담에 전해 내려오는 생물이다. 광부의 모습을 하고 있으며, 복장도 갖추고 있다. 키는 약 2m이며, 박쥐와 비슷한 외형을 가졌지만 인간과 섞여있는 것이 특징이다. 노커는 광부들의 도구와 음식을 훔치는 장난을 친다. 장난스러운 성격임에도 노커는 광부들에게 큰 도움을 준다.

　노커는 말 그대로 '노크하는 것'이라는 뜻을 갖고 있다. 노커들은 광산이 무너지기 전에 광산 벽을 강하게 두드리며 광부들이 안전하게 대피할 수 있도록 했다는 데에서 유래되었다.

　광부들의 말에 따르면, 광산에서 일하다가 붕괴사고로 죽은 사람들이 노커로 다시 탄생한다고 한다. 따라서, 광부들은 광산에서 작업하기 전에 노커들이 먹을 음식들을 곳곳에 놓기도 한다.

니크네빈
Nicnevin

　니크네빈은 스코틀랜드 민담에서 전해 내려오는 마녀이자 요정들의 여왕이다. 니크네빈은 매력적인 외형을 갖고 있으나, 악마와 친하게 지내기 때문에 인간에게 적대적이다. 어린아이들을 납치해가기 때문에, 부모들은 아이들이 말을 듣지 않을 때 니크네빈이 잡아간다며 겁을 준다.

　그녀는 긴 드레스를 입고 있으며, 큰 지팡이를 들고 다닌다. 지팡이는 물을 바위로 바꾸고, 바다를 땅으로 바꿀 수 있는 등의 신비한 능력을 갖고 있다. 또한, 니크네빈은 신비로운 신체 치유 능력을 갖고 있어 아무리 큰 상처를 입더라도 금세 회복한다고 전해진다.

　니크네빈은 주로 밤에 활동하며, 하늘을 날아다닌다. 하늘을 날아다니는 니크네빈 주변에는 그녀를 수행하는 마녀들, 요정들이 있으며, 거위들도 함께한다. 니크네빈과 수행원들은 일반인들에게는 보이지 않는다. 하지만, 1년에 한 번 지옥문이 열려 귀신들이 이승으로 건너온다는 고대 켈트족의 축제인 삼하인(Samhain)에는 자신의 모습을 드러내어 사람들의 소원을 들어준다고 한다.

닉시
Nixie

　닉시는 노르딕 신화에 등장하며 호수, 웅덩이, 개울 등을 수호하는 요정이다. 물고기와 인간을 혼합해놓은 외형을 갖고 있으며, 다리는 개구리를 닮아있다. 머리카락과 몸에서 점액과 같은 액체가 항상 흘러나오며, 색깔은 녹색을 띤다. 닉시는 물속에서 살고 있지만 육지에서도 자유롭게 다닐 수 있다.

　닉시는 음악과 춤을 좋아해서, 자신이 살고 있는 곳 근처에서 갈대와 같은 나뭇잎을 이용하여 노래를 연주한다. 닉시는 특히 인간에 대한 호기심이 많아 노래와 춤을 이용해서 호수나 개울 주변을 지나는 사람들을 유인하는데, 유인한 사람들을 해치는 대신 그들에게 궁금한 점을 물어보고 노래를 불러주는 등 우호적으로 행동한다. 유인한 사람들 중 맘에 드는 사람이 있으면, 그 사람에게 물속을 자유롭게 다닐 수 있는 능력을 선물하고 함께 산다고 전해진다.

도바르츄
Dobhar_chú

 도바르츄는 아일랜드 민담에서 전해 내려오는 전설적인 생물이다. 도바르츄는 4개의 팔다리를 갖고 있으며, 개와 수달, 물고기를 섞어놓은 생김새를 지니고 있다. 물속에서 서식하며, 몸 크기는 10~15피트(3~4.5미터) 정도이다. 도바르츄는 주로 탁한 물속에서 자신의 몸을 숨기고 호수 주변에 접근하는 사람을 잡아먹는 것으로 알려져 있다.

 1722년 아일랜드 북서부의 한 호수 근처에서 살던 여성은 빨래를 하러 호수 근처에 내려갔다. 그녀의 남편은 집에서 그녀를 기다리고 있었다. 어느 순간 호수 근처에서 여성의 날카로운 비명소리가 들렸고, 남편은 심상치 않은 소리에 호수로 뛰어갔다. 호숫가에 도착하자 자신의 부인은 호수 주변에 기절해서 쓰려져 있고, 도바르츄가 여성을 잡아먹기 위해 멀리서 다가오고 있었다. 남편은 재빨리 단검을 들고 싸워 도바르츄를 죽였다고 전해진다.

돼지 얼굴의 여인
Pig_faced women

　돼지 얼굴을 한 여인에 대한 전설은 1630년대 후반 네덜란드, 영국, 프랑스 등을 기점으로 시작되었다. 몸은 인간의 모습이지만, 얼굴은 돼지인 한 부유한 여성에 대한 이야기다. 19세기에 들어서는 돼지 얼굴을 한 여성이 실존한다는 소문이 다시금 급격하게 퍼져 그녀의 초상화를 그려 전시되기도 하였으며, 자신이 돼지 얼굴을 한 여성을 보았다는 사람들이 곳곳에 나타나기 시작했다. 하지만 대부분은 사람들의 관심과 이목을 끌기 위해, 돼지나 곰과 같은 동물들에 여성의 드레스를 입혀 사람들을 속이는 경우였다.

　돼지 얼굴을 한 여인과 관련된 전설은 다양한데, 그중 하나는 다음과 같다. 임신한 귀족 여성이 길을 가다가 더러운 차림새의 거지를 돼지보다 못하다며 무시를 했는데, 거지는 이에 분노하여 여성에게 저주를 걸었다. 이후, 귀족 여성은 딸을 낳았는데 그 딸의 머리가 돼지의 머리로 되어있었다는 이야기다. 소문에 따르면, 그 여성은 영원히 죽지 않으며, 말 대신 돼지 우는 소리를 내고, 재산을 많이 상속받은 자신을 돌봐줄 남편을 구한다고 한다.

둘라한
Dullahan

둘라한은 아일랜드 민담에 등장하는 존재이며, 아일랜드어로 '머리가 없는'을 의미한다. 검은 말이나 마차를 탄 머리 없는 기수로 묘사되고, 자신의 머리를 손으로 직접 들고 있는 것이 특징이다. 둘라한이 들고 있는 머리는 해골인데, 해골에 달린 눈은 곧 죽을 사람을 알아보는 영안이라고 한다. 그가 지니고 다니는 채찍은 인간의 척추로 만들어졌다. 둘라한은 음침하고 항상 분노해 있으며, 사납고 악한 존재이다.

둘라한은 주로 묘지나 납골당 근처에서 출몰한다. 죽음이 임박한 사람이 사는 집 문 앞에 나타나기도 한다. 곧 죽음을 맞을 사람이 집 밖에서 나는 삐걱거리는 마차 소리를 듣고 문을 연다면, 거기엔 둘라한이 그를 기다리고 있을 것이다.

라벨란
Lavellan

　라벨란은 스코틀랜드 민담에서 전해 내려오는 괴물이다. 스코틀랜드 북부지역에서 목격된다고 하며, 전체적으로 쥐의 외형과 닮아있다. 하지만, 쥐보다 훨씬 몸의 크기가 크고, 이빨과 손톱, 발톱이 두드러지게 자라있어 매우 위협적이다. 라벨란은 낮은 물 웅덩이나 습지 등에 살았다고 전해지며, 소를 물어 죽일 정도로 강하고 사납다. 사람을 해쳤다는 이야기는 없으나, 소를 포함한 개, 양 등의 가축들을 잡아먹어 피해를 준다.

　하지만 라벨란의 피부는 신비한 약효가 있는데, 라벨란의 피부를 물에 오래 담궈놓은 뒤 그 물을 병든 가축들에게 마시게 하면 금세 병이 치유된다고 한다.

레버넌트
Revenant

　레버넌트는 유럽 전역의 민담에서 전해지는 존재이며, 사람을 괴롭히기 위해서 부활한 시체이다. 영국의 한 수도원에서는 이유 모를 병으로 인해 죽은 한 농부의 시체가 레버넌트가 되어 돌아왔다는 이야기가 있다. 농부의 시체가 묻힌 지 하루가 지나고, 해가 지기도 전에 농부는 자신의 관을 어깨에 메고 나타났다. 농부는 마을 곳곳을 돌아다니며, 마을 사람들에게 "나와 함께 갑시다!"라고 말했다. 얼마 지나지 않아 마을에는 전염병이 돌았고, 농부를 만났던 사람들은 모두 죽었다고 한다.

　이외에도, 레버넌트는 사흘 내에 죽을 사람의 이름을 크게 외치며 돌아다닌다는 이야기도 있다.

　레버넌트가 태어나지 않게 하기 위해서는 무덤에 묻힌 시체를 꺼내어 머리를 자르고 온몸에 성수를 뿌린 다음 다시 묻으면 된다고 한다.

레아난 시데
Leanan sídhe

　레아난 시데는 아일랜드 민담에 존재하는 여성 정령으로, 남성을 유혹하는 아름다운 여성으로 묘사된다. 레아난 시데는 병적인 사랑을 하는 요정이다.

　레아난 시데는 남성을 유혹하면서 자신의 사랑을 고백하는데 이때 남성이 자신을 거절하면 그 남자의 노예가 된다. 하지만, 남성이 그녀의 사랑을 허락하면 그때부터 남자는 레아넨 시데로부터 광기 어린 사랑을 받게 된다. 집착과 광기로 얼룩진 사랑은 결국 레아넨 시데에게 유혹당한 남성을 젊은 나이에 죽게 만든다. 특히 그녀는 예술가들에게 많은 영감을 준다고 알려져 있는데, 레아난 시데에게 유혹된 예술가들은 천재적인 작품을 남기고 젊은 나이에 요절한다고 알려져 있다.

　레아난 시데를 거절하면 오히려 그녀를 노예로 만들 수 있지만, 그녀의 사랑을 거절한 사람은 단 한 명도 없다고 할 만큼 초자연적인 능력으로 남성을 유혹한다.

루 카르콜
Lou Carcolh

　루 카르콜은 프랑스 민담에 나오는 신화적인 생물이다. 루 카르콜은 털이 많은 촉수와 큰 껍질을 가진 큰 달팽이를 닮은 뱀으로 묘사된다. 온몸에는 끈적한 점액이 항상 흐르고 있으며, 프랑스 남부 지역의 하스팅그(Hastingues)시의 한 동굴에서 살고 있다고 전해진다.

　루 카르콜이 지나간 자리에는 온몸에서 흘러나오는 점액이 묻어있기 때문에, 거대한 점액을 보면 어떠한 생물도 근처에 접근하지 않는다. 루 카르콜은 포악하고 식욕이 많기 때문에 눈에 보이는 모든 생물을 자신의 촉수로 사냥하여 동굴로 끌고 들어가 먹는다고 한다.

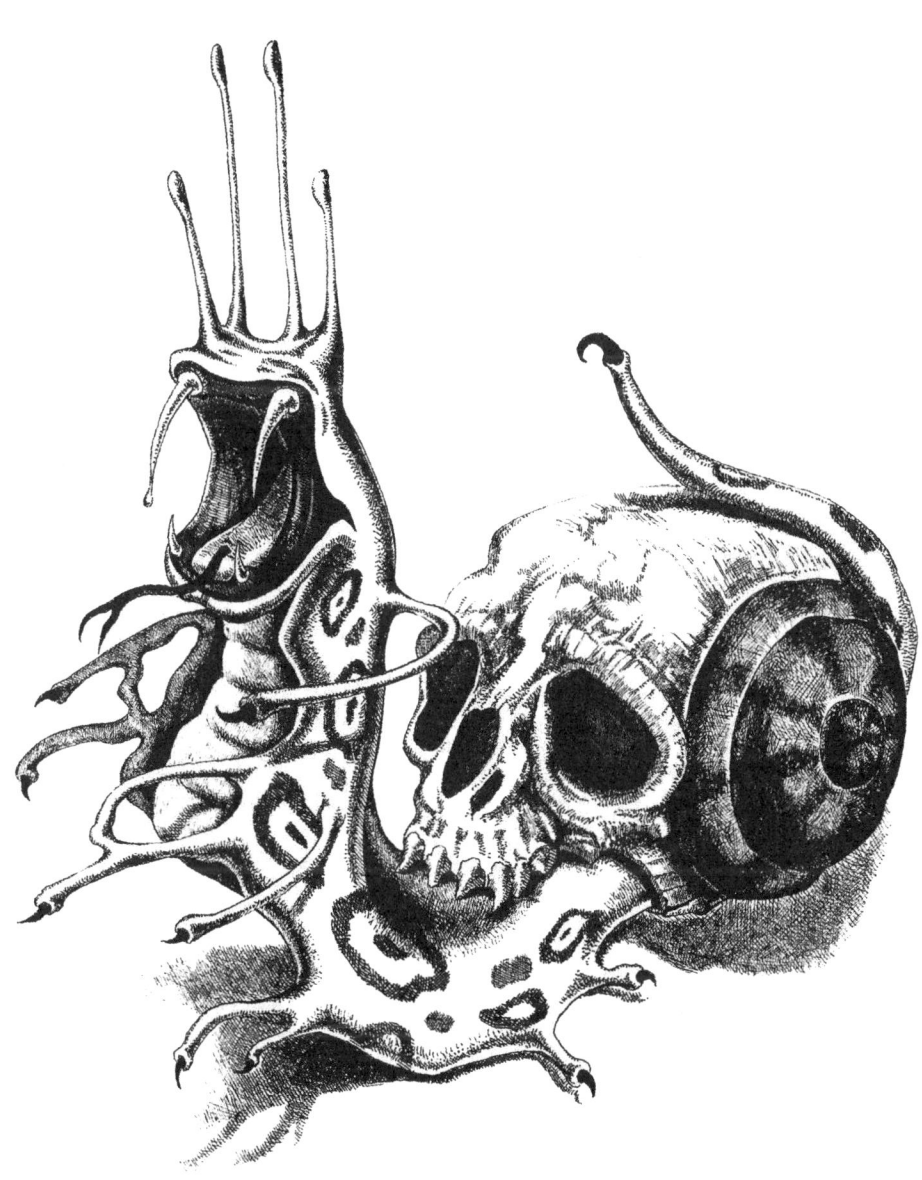

매기 물라흐
Maggy Moulach

 매기 물라흐는 스코틀랜드 민담에 나오는 노파이다. 매기 물라흐는 방앗간에 머무는 정령이며, 방앗간에서 일하는 농부를 돕는다. 매기 물라흐는 일을 매우 잘하여 농부들이 좋아한다.

 그녀는 나뭇잎과 풀로 함께 엮여있는 머리카락을 갖고 있으며, 그 위에는 조그마한 방울들이 매달려 있다. 키는 약 2m이며, 온몸에는 털이 나있다. 그녀는 긴 팔을 갖고 있어, 간혹 방앗간 주변을 지나는 아이들을 자신의 일을 도와줄 일꾼으로 거느리기 위해 납치한다는 소문이 있다. 그녀는 메뚜기로도 변신이 가능하다.

 매기 물라흐는 방앗간에 머물며 군말없이 농부의 일을 돕지만, 방앗간을 관리하지 않거나 자신을 놀리는 사람들을 보면 염력을 사용해서 주변에 있는 물건을 던지거나 심하면 사람들을 죽인다고도 한다.

모르겐
Morgen

  모르겐은 프랑스 지역 브래튼 신화에 나오는, 바다 혹은 바다 근처 동굴에 살며 사람들을 유혹하여 익사시키는 물의 정령이다. 반인반어의 외형을 갖고 있으며, 아름다운 목소리와 외형을 이용하여 바다를 지나는 선원들을 유혹한다. 모르겐이 분노하면 바닷가 주변 마을에 흉작이 찾아오고 폭우가 내린다고 전해진다.

  모르겐은 납치한 사람들을 죽인다고 알려져 있지만, 경우에 따라 젊은 청년을 납치하여 자신의 궁전으로 데려가 결혼을 하기도 한다. 간혹, 사람들에게 바닷속의 금은보화를 가져다준다고 전해진다.

  모르겐은 보통 여성으로 알려져 있지만, 민담에 따라 남성 모르겐도 있다고 전해진다. 한 민담에서, 못생기고 늙은 모르겐의 왕이 어린 인간 소녀를 납치하여 자신의 신부로 삼았다. 하지만, 왕의 아들은 이를 탐탁치 않게 생각하여 인간 소녀가 탈출하는 것을 도왔다. 이후, 소녀는 모르겐 왕의 아들과 사랑에 빠졌다고 한다.

민치의 파란 남자들
Blue men of the Minch

　민치의 파란 남자들은 스코틀랜드 인근 민치 해협에 산다고 전해지며 온몸이 파란 전설의 남성들이다. 민치의 파란 남자는 온몸이 푸른색으로 되어있고, 상반신은 인간의 모습과 동일하며, 하반신은 물고기의 꼬리로 되어있다.

　그들은 떼를 지어 다니며, 폭풍을 일으킬 수 있는 능력이 있다. 날씨가 좋으면 수면 위나 얕은 곳에서 잠을 청한다. 민치의 파란 남자들은 주변에 지나가는 배가 있으면, 다가가 배의 선장에게 수수께끼를 내는데 이에 제대로 대답하지 못했을 때 배를 침몰시킨다.

　민치의 파란 남자들의 '파란색'은 검은색으로도 해석이 되는데, 16세기경 북아프리카 흑인 노예들의 기원으로 보기도 한다. 또한 10세기경 민치해협 주변에서 거주하던, 온몸에 청색 문신을 새기던 픽트(Pict)족의 모습에서 유래된 것으로 보기도 한다.

바르베가지
Barbegazi

바르베가지는 프랑스, 스위스 등의 민담에서 전해 내려오는 난쟁이다. 바르베가지는 눈이 쌓인 고산지대에서 서식하며, 화려한 흰 수염과 거대한 발을 가진 작은 노인으로 묘사된다. 그들은 거대한 발을 이용해서 높은 곳에서 스키를 타듯 지형을 타고 미끄러져 내려오는 것을 즐긴다.

바르베가지는 겨울이 와서 날이 추워지면 활동을 시작하며, 날이 따뜻해지면 동면에 들어간다.

바르베가지는 인간을 보호하며, 눈이 쌓인 고산지대를 지나는 사람들에게 위험을 경고해준다. 눈사태를 비롯한 재난이 발생하기 전에 휘파람을 불어 인간들이 위험에 놓이지 않도록 한다. 혹은 눈사태를 피하지 못해 인간들이 눈 속에 갇힐 경우 그들을 구하기 위해 많은 도움을 준다고 전해진다.

바반시
Baobhan sith

바반시는 스코틀랜드 민담에 등장하는 여성 요정이다. 매혹적인 외모를 가진 여성이지만, 인간 남성을 사냥하고 잔인하게 죽이는 습성이 있어 위험한 존재이다. 바반시는 보통 사람의 발 대신 사슴의 다리를 갖고 있는데, 긴 드레스를 이용해 사슴의 다리를 숨긴다.

바반시는 주로 밤에 활동하며 숲 속에서 동물을 사냥하는 남성 사냥꾼들을 납치한다. 아름다운 외모를 사용하여 사냥꾼들을 유혹하고 자신의 서식처로 데려가 목을 자르고 배를 가르는 등 잔인한 방식으로 살육한 뒤 먹는다.

바반시의 약점은 검은 개다. 여러 명의 사냥꾼들이 바반시가 사는 숲에 들어갔다가 전부 살해당하였으나, 검은 개와 함께 숲에 들어갔던 사냥꾼만이 살아나왔다고 전해진다.

바실리스크
Basilisk

바실리스크는 유럽의 신화와 민담 전체에서 자주 등장하는 전설의 동물로, 모든 뱀들의 왕이다. 바실리크스는 닭, 뱀, 용이 합쳐진 외형을 하고 있으며, 각각 닭의 머리, 뱀의 몸, 용의 날개를 갖는다.

바실리스크는 쳐다보는 것만으로도 상대방에게 강한 공격을 퍼부을 수 있으며, 숨결에는 강력한 독이 들어있어 바실리스크의 숨결을 마시는 생물은 숨이 막혀 죽어버린다. 생물뿐만 아니라 숨결이 닿은 바위는 쪼개어진다. 바실리스크를 건드리기만 해도 독성에 오염된다.

독사를 주로 먹는 따오기의 몸 안에 독이 쌓이는데, 따오기가 알을 낳으면 바실리스크가 태어난다. 바실리스크의 천적은 거미, 족제비, 수탉으로 알려져 있다. 따라서, 집에 거미의 시체를 걸어두거나, 수탉의 울음소리를 들려주면 바실리스크는 접근하지 못한다. 족제비는 바실리스크의 독에 내성이 있어 끈질기게 바실리스크와 싸울 수 있다. 운향이라고 하는 식물은 바실리스크의 독을 해독할 수 있는 약초로 알려져 있다.

바우찬
Bauchan

바우찬은 스코틀랜드 민담에 나오는 요정이다. 바우찬은 짓궂은 성격을 갖고 있으며 전투적이기에 때때로 인간에게 위협적이기도 하지만, 모순적이게도 인간에게 많은 도움을 주기도 한다.

바우찬은 시골 지역에서 거주하며, 인간의 농장 주변에서 주로 목격된다. 농장으로 내려와 농장주가 자신의 맘에 들면 그에게 매우 우호적으로 접근하여 농장일을 적극적으로 돕는다. 한번 호감을 갖게 된 사람은 끝까지 따라다니며 일을 돕는다. 농장주가 이사를 갈지라도 새로운 정착지까지 따라가서 일을 돕는다.

바우찬은 자신의 몸을 바꿀 수 있으며, 염소나 소 등과 같은 가축으로 변신할 수 있다.

바이어스트 브훌라흐
Biasd Bheulach

바이어스트 브훌라흐는 스코틀랜드 민담에 전해 내려오는 괴물이다. 스코틀랜드 고원지역이나 섬 지역에 살며 야행성이다. 바이어스트 브훌라흐는 한쪽 다리만을 갖고 있으며, 온몸이 붉은 털로 뒤덮여 있어 얼핏 보면 유인원과도 닮아있다. 성격이 포악하여 사람들을 사냥하며, 그의 울부짖는 소리는 매우 공포스럽다고 전해진다.

밤에 산을 통과하는 사람들은 바이어스트 브훌라흐의 공격을 받는다고 보고되는데, 희생자들의 몸은 기괴한 모습으로 찢겨있거나 몸 곳곳에 큰 구멍이 나있다고 한다.

때때로, 자신의 몸을 변형시킬 수 있는 능력을 갖고 있으며 주로 산짐승의 형태로 자신의 몸을 바꾼다고 전해진다.

밴시
Banshee

　밴시는 스코틀랜드, 아일랜드 민담 등에 존재하는 여성 영혼이다. 밴시는 '빨래하는 여자'라는 별명을 갖고 있다. 이러한 별명에 걸맞게 강 혹은 냇가, 수영장 등 물 주변을 떠돌며 곧 죽음을 당할 사람의 옷을 세탁하는 모습으로 목격된다. 따라서, '야간 세탁부'라는 별명으로 불리기도 한다.

　밴시는 출산 중 사망한 여성의 영혼으로 여겨지며, 지역에 따라 특징은 조금씩 다르다. 곧 죽을 사람의 옷을 빨래하는 소름돋는 모습으로 묘사되지만 때에 따라서는 사람들에게 나타나 소원을 들어준다고도 전해진다.

　그녀의 생김새는 어린아이처럼 왜소한 체격에 여기저기가 찢어진 녹색 옷을 입고 다니며, 비정상적으로 긴 가슴을 갖고 있다. 평소에는 물 주변을 배회하다가 빨래를 시작하면 긴 가슴을 등 뒤로 넘긴다고 한다. 밴시를 우연히 마주친다면 못 본 척 그녀의 뒤로 몰래 도망을 가야 한다고 전해진다. 만약, 밴시와 눈이 마주친다면 그녀의 가슴을 입에 물고 "나는 당신의 입양된 자녀입니다. 기억 못하십니까?"라고 질문을 하면 하던 일을 멈추고 소원을 들어준다.

　또한, 밴시가 세탁하고 있는 옷이 자신의 것이라면 밴시에게 그 옷은 자신의 것이니 빨지 말아달라고 말하면 순순히 세탁을 멈춘다고 한다.

버게인
Buggane

　버게인은 영국 잉글랜드와 북아일랜드 사이에 위치한 맨섬 지역 민담에서 전해 내려오는 괴물이다. 민담에 따르면, 버게인은 맨섬 지역에 거주하며 자신의 모습을 마음대로 바꿀 수 있다고 한다. 주로, 말이나 소의 모습으로 생김새를 바꾸며 때때로 사람의 모습으로도 바꾼다고 한다. 하지만, 큰 이빨과 날카로운 손톱, 온몸의 털 때문에 금방 들키곤 한다.

　본래의 생김새는 큰 검은 송아지를 닮았다. 뒷다리는 말의 다리를 닮았으며, 머리에는 두 개의 큰 뿔이, 입에는 두 개의 큰 송곳니가 나 있다고 한다. 온몸은 검은 털이 뒤덮여 있으며, 황소처럼 큰 눈을 지니고 있다.

　버게인은 땅을 파는 습성이 있으며, 지능이 높아 인간들과 이야기를 할 수 있다. 그들은 주로 폭포나 숲, 오래된 폐허에서 지낸다. 버게인은 종종 요정들의 요청으로 범죄를 저지른 사람들을 벌하는 일을 한다. 버게인은 덩치가 크고 힘이 매우 세서 맨손으로 건물을 무너뜨릴 정도라고 한다.

베오울프
Werewolf

베오울프는 유럽 전역의 민담에서 전해지는 늑대인간이다. 평소에는 인간의 모습을 하고 있다가 보름달이 뜨면 늑대로 변신한다. 늑대로 변신하면, 완전한 늑대가 아닌 인간과 늑대가 혼합된 외형을 갖는다. 눈과 목소리만 인간이었을 때의 것과 동일하다고 한다. 인간의 몸보다 2배 이상의 크기로 커지며, 힘도 세진다. 베오울프가 되면 인간을 살육하여 먹는 것을 즐긴다.

하지만 일정 시간이 지난 후 다시 인간의 모습으로 돌아오는데, 다시 돌아온 후 몸은 쇠약해지며, 육체적·정신적 고통으로 인해 심각한 우울증에 시달린다고 전해진다. 베오울프로 변했을 때의 기억은 사라진다.

베오울프는 육체적으로 매우 강하지만, 순수한 철로 만들어진 검과 같은 무기에는 취약하다고 한다. 베오울프의 피를 마시면 다음 생에 늑대로 환생한다고 전해지고 있다.

베이티르
Beithir

베이티르는 스코틀랜드 민담에서 전해 내려오는 전설의 용이다. 용임에도 불구하고 외형은 용과 커다란 뱀이 섞인 형태를 띄고 있다.

베이티르는 깊은 산 속 동굴이나 계곡에 서식하며, 불을 뿜지는 않지만 독침을 갖고 있다. 베이티르의 독침에 쏘이면 독침에 쏘인 상처 부위를 빠른 시간 내에 물속에 담가야 한다. 또 다른 치료법은 다른 뱀의 머리를 담군 물을 상처 부위에 바르는 것이다.

베이티르는 온몸이 산산조각 나더라도, 조각이 서로 가깝게 모이기만 한다면 언제든지 살아날 수 있는 능력을 갖고 있다. 베이티르는 말을 먹는 것을 좋아하며, 폭우가 내리는 여름밤에 주로 활동하는 것으로 알려져 있다.

보다흐
Bodach

　보다흐는 스코틀랜드 민담에 등장하는 늙은 괴물이다. 길고 날카로운 손톱과 발톱을 갖고 있으며, 입이 세로로 길게 늘어져있다. 낡은 천으로 만들어진 망토를 걸치고 다닌다.

　보다흐는 아이들을 납치하기 위해 집집마다 달린 굴뚝으로 몰래 잠입한다. 혹은 밤 늦게 길거리를 홀로 배회하고 있는 아이들을 납치해간다. 그래서 부모들은 아이들이 말을 듣지 않을 때, 보다흐가 잡아간다고 겁을 주기도 한다.

　보다흐에게 잡혀가지 않더라도 사람들은 그를 보는 것을 불운의 징조로 여긴다. 보다흐를 보면 본 사람 혹은 주변 사람이 갑작스런 사고로 인해 죽음을 맞이한다고 알려져 있다.

부굴노즈
Bugul Noz

부굴노즈는 프랑스 지역 브래튼 신화에 나오는, 밤에 활동하는 요정이다. 주로 작은 남자 아이로 묘사되지만, 손톱과 발톱이 길며 큰 눈을 갖고 있다고 한다. 부굴노즈는 돌아다니면서 휘파람 소리를 내는데 해가 질 때까지는 숨어있다가, 어두워지면 밖에 남아있는 양치기나 노동자들을 위협하며 짓궂은 장난을 친다고 한다.

부굴노즈는 십자가를 매우 무서워하기 때문에 길을 걷다가도 교차로가 나오면 길을 돌아간다. 부굴노즈는 사람을 납치하는데 다음 날 해가 들 때까지 탈출하지 못하면 수탉이 울자마자 그대로 즉사한다고 한다.

보통 부굴노즈는 사람을 납치하거나 짓궂은 장난을 하는 요정으로 묘사되지만 문헌에 따르면 사람들에게 큰 피해를 입히지 않고 해가 지면 마을 주변을 서성거리는 작은 아이 요정에 불과하다는 묘사도 있다.

부브리
Boobrie

부브리는 스코틀랜드 서해안의 호수에 서식하는 전설적인 동물이다. 물과 육지를 자유롭게 오다닐 수 있다.

기본적으로 독수리의 외형을 하고 있으나, 여러 종류의 조류들이 섞인 기괴한 모습을 띤다. 크기는 독수리 성체 8마리를 합쳐놓은 정도로 매우 크다. 우는 소리는 불쾌하게 들리며, 두 개의 날개는 비행을 비롯하여 물속을 헤엄치는 데에도 사용된다.

부브리는 자신의 모습을 새 이외에도 말이나 황소 등과 같은 다양한 동물로 바꿀 수 있다. 부브리의 힘은 매우 강력하여, 물 주변에서 물을 먹고 있는 소나 양, 말과 같은 가축들을 물속으로 순식간에 끌어당겨 잡아먹는다. 때에 따라 입 속의 촉수를 이용하여 가축들의 피를 빨아먹는 것을 좋아한다.

부브리는 목격하는 것만으로도 불운의 징조로 여겨지기에 사람들은 부브리가 사는 지역 주변에 접근하지 않는다.

부카
Bucca

    부카는 콘월 신화에 등장하는, 바다 속에 사는 정령이다. 남성 인어의 모습이라고도 전해지지만, 기본적인 모습은 짙은 갈색의 장어의 모습이다.

    부카는 한때 인간 세계의 왕자였으나 저주를 받아 장어로 변했다. 어떤 저주에 걸려있는지는 전해지지 않는다. 물 밖에서도 오랜 시간을 지낼 수 있기에 바다 동굴에 누워있거나, 새와 함께 바위에 앉아 있다.

    부카는 의로운 성격을 갖고 있기에 바다에 빠진 아이들을 구하거나, 어부들을 위해 풍족한 해산물이 있는 곳을 알려준다. 하지만 어부들이 욕심을 부리거나 바다를 해치는 사람들을 보면, 파도를 일으키고 잘못된 길을 안내해 곤경에 빠뜨리기도 한다.

    부카는 특수한 능력을 지니고 있다고 알려져 있지는 않으나, 부카로 변하기 전 인간이었기에 사람들의 말을 알아들을 수 있으며 매우 영리하다고 한다.

브라단 파서
Salmon of Knowledge

　브라단 파서, 즉, '지식의 연어'는 아일랜드 신화에 등장하는 생물로 '현명한 자'라고 알려져 있다.

　한 평범한 연어는 산 속 우물에서 살고 있었는데, 우물을 둘러싼 개암나무에서 떨어진 9개의 열매를 먹는다. 연어는 열매를 먹자마자 세계의 모든 지식을 얻게 되었다. 이 사실을 알게 된 전설적인 시인이자 현자인 핀 에세스(Finn Eces)는 이 연어를 잡기 위해 2년 동안 호수에서 낚시를 하였고, 마침내 잡게 되었다. 그리곤 자신의 하인인 피온(Fionn)에게 연어를 요리해 오라 시킨다. 피온은 연어를 뜨거운 불에 익혔고, 다 익었는지 확인하기 위해 손가락으로 연어의 살을 찔러본다. 너무 뜨거워 화상을 입었고, 그대로 손가락을 입 속에 넣었다. 그 순간 피온은 연어가 알고 있던 세계의 모든 지식을 전수받게 된다. 피온의 눈빛에서 전에 없던 총기를 본 핀 에세스는 피온이 연어의 지식을 습득했다는 사실을 알게 되었고, 피온에게 연어 요리를 다 먹도록 한다. 피온은 연어에게 얻은 지식과 지혜로 훗날 아일랜드 신화의 유명한 영웅이 된다.

브라우니
Brownie

　브라우니는 스코틀랜드 민담에서 전해 내려오는 요정이다. 외형은 못생기고 갈색피부를 갖고 있으며, 정리가 되지 않은 머리카락과 쫑긋 솟아있는 귀가 특징이다. 민담에 따라 브라우니의 크기는 다소 차이가 있지만, 보통 아주 크기가 작은 난쟁이로 알려져 있다.

　집주인이 잠든 동안 밤에 기어나와 다양한 집안일과 농사일을 한다. 따라서, 집에 브라우니가 살면 집주인은 보통 난로, 침대, 옷장 옆 등 집안 곳곳에 브라우니를 위한 우유나 크림, 케이크, 쿠키 등 제물을 담은 그릇을 놓는다. 브라우니는 매우 소심하여, 음식이 맛이 없거나 자신이 배려받지 못한다고 생각하면 금세 집을 떠나거나, 일을 망쳐놓는다. 집주인이 게으르다면 장난을 치거나 골탕을 먹인다.

　브라우니가 사는 집에는 또 다른 브라우니가 들어오지 않는다. 브라우니는 보통 자신의 몸을 인간에게 보이지 않도록 잘 숨기는 편이지만, 간혹 인간에게 들키는 경우가 있다. 이럴 경우, 브라우니를 못 본 척 해야 브라우니가 당황하지 않는다.

블러디 본즈
Bloody Bones

영국 민담에서 전해 내려오는 괴물이다. 블러디 본즈는 로우헤드(Rawhead, 두개골)라고 불리기도 한다. 블러디 본즈는 이름 그대로 피가 온몸에 묻은 해골의 모습을 하고 있다. 블러디 본즈는 깊은 연못, 바다, 오래된 구성이, 호수 등에서 거주한다. 아이들이 주변을 지날 때, 물속으로 끌어들인다. 특히 부모님들이 아이들에게 훈육을 위해 겁을 줄 때, "거짓말을 하거나 남의 집을 몰래 훔쳐보면 뼈 더미 위에 앉아 얼굴에 피가 흐르는 모습으로 앉아있는 블러디 본즈가 너를 잡아간다!"고 말한다.

블러디 본즈는 살아생전 영국 콘월 지역의 발두(Baldhu) 마을에 살았던 것으로 알려져 있으며, 이 지역에서 발생한 대학살의 피해자였던 것으로 사람들은 추정한다.

삼카
Samca

삼카는 루마니아 신화에 등장하는 인물로 추악하고 무서운 악령이다. 그녀는 흐트러진 머리카락이 발뒤꿈치까지 자라며, 가슴이 땅에 닿고, 날카로운 손톱과 발톱을 가진 벌거벗은 모습을 하고 있다. 삼카는 자신의 모습을 마음대로 바꿀 수 있으며, 흉폭한 돼지, 날카로운 송곳니를 가진 개, 눈이 크고 털이 없는 고양이, 피 묻은 눈을 가진 까마귀 등 징그러운 외형의 동물들로 변신한다.

삼카는 매월 말 보름달이 뜰 시기에 활동한다. 그녀는 4세 미만의 어린 아이에게 나타나며, 이를 본 아이들은 원인 모를 병을 앓게 된다. 또한, 아이뿐만 아니라 임산부를 싫어하여 겁을 주어 죽이거나 신체적 위협을 가해 장애를 얻게끔 만든다.

삼카는 19개의 이름을 갖고 있는데, 삼카를 퇴치하기 위해서는 19개의 모든 이름을 집 벽에 써놓으면 자신의 정체가 탄로났다는 사실에 겁을 먹고 도망간다고 한다.

선나이드
Seonaidh

　선나이드는 스코틀랜드 민담에서 전해 내려오는 바다의 정령이다. 선나이드는 바다에 머물며 선원들이나 어부들을 지켜주는 일종의 보호신이다. 따라서, 선원들과 어부들은 바다에서 일을 하기 전에 선나이드가 좋아한다고 알려진 맥주를 바다에 뿌린다고 한다.

　맥주를 바다에 뿌릴 때는, 한 사람이 맥주가 가득 든 컵을 손으로 들고 허리까지 차오르는 깊이까지 들어간다. 그러고는 "우리를 풍요롭게 해주는 해산물들을 많이 제공해주시고 지켜주셔서 감사합니다."라는 내용의 주문을 외우며 맥주를 바다에 뿌린다. 의식이 끝나면 다시 육지로 나와 교회에서 촛불을 피워놓고 다시 한번 기도를 하고, 의식에 참여한 사람들끼리 모여 맥주를 마시면서 밤을 샌다고 한다.

셀키
Selkie

　셀키는 북유럽 신화, 스코틀랜드 민담 등에 존재하는 바다표범을 닮은 생명체이다. 셀키는 거대한 물개의 모습을 하고 있으며, 인간으로 변신할 수 있는 능력을 갖고 있다. 인간으로 변할 때는 자신의 가죽을 벗는다고 한다.

　셀키는 남성과 여성이 있으며, 모두 매혹적인 존재로 그려진다. 남성 셀키의 경우, 바닷가를 서성이며 어부 남편을 둔 여성을 유혹하러 다닌다고 한다. 여성 셀키의 경우, 셀키에 매혹된 남성이 여성 셀키가 인간의 모습으로 변신했을 때, 몰래 물개 가죽을 훔쳐 여성 셀키가 바다로 돌아가지 못하고 남성과 함께 아이를 낳고 사는 경우도 있다는 유명한 민담이 있다. 문헌마다 이야기의 결론은 다르지만, 남편이 외출한 사이 자신의 가죽을 찾아 바다로 도망갔다는 결말이 잘 알려져 있다.

셸리코트
Shellycoat

셸리코트는 스코틀랜드와 영구 북부지역 민담에서 전해 내려오는 생물이다. 셸리코트는 조개를 뜻하는 '셸리'와 코트의 합성어로, 조개로 만든 코트를 입고 다니는 정령이기에 붙여진 이름이다. 강과 개울 등에서 출몰한다고 알려져 있다. 조개로 만들어진 코트를 입고 움직이기에 걸을 때마다 껍데기가 부딪히는 소리가 들린다.

생김새는 다소 무섭게 생겼으나, 인간에게 특별한 해를 끼치지는 않는다. 자신들의 영역에 깊숙이 들어온 인간들을 가볍게 위협한다거나 울부짖는 등의 소극적 행동만 할 뿐 그렇게 사나운 정령은 아니라고 한다.

스토어 웜
Stoor worm

  스토어 웜은 스코틀랜드 오크니섬 민담에서 전해 내려오는 거대한 사악한 바다뱀이다. 스토어 웜의 숨결에는 강력한 독성분이 들어있어, 숨을 쉴 때마다 식물이 메말라 죽고, 동물과 인간도 죽일 수 있다. 몸의 길이는 너무나도 길어서 끝을 정확히 본 사람은 한 명도 없다고 전해진다.

  스토어 웜이 등장하는 한 지역의 왕은 매주 일곱 명의 처녀를 제물로 바치라는 위협을 받았다. 절망에 빠진 왕은 결국 자신의 딸마저 공물로 바칠 위기에 처하자, 결혼을 전제로 스토어 웜을 죽일 수 있는 사람을 구했다. 마을의 한 젊은이였던 아시패틀(Assipattle)은 자신이 도전해보겠다며 찾아왔다. 아시패틀은 스토어 웜이 일곱 명의 처녀를 잡아먹으러 입을 벌리는 순간, 뜨겁게 달궈진 석탄을 들고 입 속으로 들어갔다. 아시패틀은 스토어 웜의 뱃속에서 뜨거운 석탄을 스토어 웜의 간에 쑤셔박고 밖으로 다시 나온다. 스토어 웜은 매우 고통스러워하며 죽었고, 아시패틀은 왕의 딸과 결혼하게 된다.

  당시 스토어 웜이 뜨거운 석탄으로 인해 고통받다가 죽으면서 이빨이 빠졌는데 이빨들이 흩어져 영국 주변 해협에 있는 오크니섬, 셰틀랜드섬, 페로제도가 되었다고 전해진다.

스프리건
Spriggan

　영국 민담에 등장하는 스프리건은 기괴하고 못생긴 외모를 갖고 있으며, 온몸에 종기가 나있고 허리가 구부러진 노인의 외형을 갖고 있다. 키는 작지만 종종 자신의 몸을 매우 거대하게 부풀릴 수 있는 능력이 있다고 전해진다.

　스프리건은 외모만큼이나 성격도 좋지 않으며, 자신을 화나게 하는 사람들을 골탕 먹이는 것을 즐긴다. 스프리건은 갑작스러운 회오리 바람을 일으켜 여행자들을 겁에 질리게 하고, 폭풍을 쏘아보내 농작물을 황폐화시킨다. 또는, 매우 어린 아이들을 납치하여 못생긴 외모로 바꾼 뒤 돌려보내기도 한다. 이 외에도, 집을 부수거나 소를 훔치는 등 인간에게 좋지 않은 행동을 한다.

　스프리건을 퇴치하기 위해서는 성수를 사용해 스프리건의 온몸에 뿌려야 한다고 전해진다.

슬러그
Sluagh

　슬러그는 아일랜드와 스코틀랜드 민담에서 전해 내려오는 괴물이다. 슬러그는 살아생전 죄를 저질렀으나 용서받지 못한 인간의 영혼들이 죽고 난 뒤 그 영혼들이 바뀌어 만들어지는 괴물이며, 공중을 날아다니면서 인간을 납치한다. 보통 슬러그들은 떼를 지어 다니는데, 멀리서 보면 까마귀 떼처럼 보인다. 생김새는 기본적으로 사람의 형상을 하고 있으나, 등 뒤에 큰 날개가 달려있으며 손톱과 발톱이 비정상적으로 길다. 얼굴도 기괴하게 생겨, 한눈에 봐도 일반 사람으로는 보이지 않는다.

　슬러그에게 납치된 인간은 보통 슬러그에게 먹히거나 영혼을 잠식당하여 사망에 이른다. 때때로 운이 좋게도 죽지 않은 상태로 집으로 돌아오는 사람들도 있다고 한다. 돌아온 사람들은 자신이 슬러그에게 잡혔을 때의 기억을 모두 잊어버리고 높은 곳에서 떨어졌다거나 폭행을 심하게 당했다는 기억만 갖고 있을 뿐이라고 전해진다.

씨 마이더와 테란
Sea Mither & Teran

　씨 마이더와 테란은 스코틀랜드 북부 바다에 사는 전설의 신이다. 씨 마이더와 테란은 숙적 관계이며, 스코틀랜드 북부 바다를 1년에 반반씩 점령한다.

　테란은 포악한 성격을 지니고 있으며, 겨울과 가을에 바다에 살며 거친 폭풍우를 만들어내는 존재이다. 봄이 오면 씨 마이더는 테란과 전투를 하여 테란을 몰아내고 바다를 차지한다. 씨 마이더는 온화한 성격을 지니고 있기에 바다로 오는 어부들을 보호하고 그들에게 풍족한 해산물을 제공해준다. 하지만, 다시 가을이 오면 힘이 약해져 테란에게 바다를 빼앗긴다.

　씨 마이더와 테란의 이야기는 바다의 날씨와 자연현상을 설명하는 전설인 것으로 추정된다. 씨 마이더와 테란은 인간들에게 보이지 않는다. 특히, 씨 마이더는 무시무시한 괴물인 너켈라비를 바닷속에 가둘 수 있는 힘이 있다고 한다.

아데네
Adhene

아데네는 아일랜드해 맨섬 신화에서 전해 내려오는 요정이다. 나비와 같은 날개를 가졌으며, 몸집은 매우 조그맣다. 작지만 매력적인 외형을 갖고 있다. 하지만, 매력적인 외모와는 달리 천국에서 쫓겨난 타락천사이기에 오만하며 사악한 면이 있다. 사람들에게 짓궂은 장난을 치며, 때때로 어린 아이를 납치하기도 한다. 하지만 아데네는 선량한 마음을 지닌 사람에게는 어떠한 해도 끼칠 수 없다.

아데네는 바다에서 살며 평소에는 물고기를 잡거나 소를 키우는 등 사람과 비슷한 생활을 한다. 아데네는 사람들에게 해를 끼치지만 아일랜드해 주변에서 활동하는 어부들 사이에서는 바다 주변에서 일을 하는 아데네를 몰래 보게 되면 행운이 따른다고 전해진다.

아바리몬
Abarimon

　아바리몬은 유럽 전역 민담에서 전해 내려오는 한 종족이다. 아바리몬족의 특이한 점은 발이 뒤로 향해있다는 것이다. 외형은 장애를 갖고 있다고 판단될 수 있으나, 그들은 일반인보다 훨씬 빠른 속도로 달릴 수 있다고 알려져 있다.

　아바리몬은 야생동물과 함께 지냈으며, 포악하고 거친 성격을 갖고 있다. 많은 사람들이 아바리몬에 대해 연구하기 위해 포획을 시도했지만 성공한 적이 한 번도 없다고 한다. 아바리몬은 고산지대에서 서식하는데, 자신이 태어난 곳의 공기만을 마시고 살 수 있으며, 그 지역을 벗어나면 금세 죽는다고 한다.

　아바리몬 전설의 기원은 히말라야 고산지대에서 살던 인도인으로 알려져 있다.

아칸소니
Arkan Sonney

　아칸소니는 아일랜드해의 맨섬 신화에서 존재하는 작은 고슴도치 요정이다. 민담에 따라서는 아칸소니는 고슴도치보다는 작은 돼지에 가깝다고 묘사된다.

　아칸소니는 항상 작은 은화를 들고 다니기 때문에 사람들은 아칸소니를 마주치거나 잡는다면 행운의 징조로 여겼다.

　아칸소니에게는 특별한 능력이 하나 있는데, 바로 자신의 몸의 크기를 자유자재로 바꾼다는 것이다. 하지만, 성격이 온순하기 때문에 상대방을 위협하거나 공격하는 용도로 자신의 몸을 바꾸기보다는 먹이를 많이 먹거나 많은 은화를 얻기 위한 방식으로 자신의 몸을 키우는 경우가 많다.

아판크
Afanc

　아판크는 웨일스 신화에 나오는 호수 괴물이다. 외형은 오리너구리 혹은 악어와 닮아있다. 아판크는 난폭하며 호수에 실수로 빠지거나 수영을 하러 들어오는 사람들을 잡아먹는다고 전해진다. 아판크는 물을 다루는 능력이 있어서 분노하면 마을을 잠기게 할 정도로 큰 규모의 홍수를 만들어낼 수 있다. 하지만, 아판크는 물속에서만 자신의 힘을 사용할 수 있기 때문에 물 밖으로 나오면 무력해진다고 한다.

　하지만 때때로 처녀에게는 어리석을 정도로 무방비한 태도를 취한다고 전해진다. 호수를 걸으며 쉬고 있던 처녀는 아판크를 발견하지만, 아판크는 온순하게 변하여 처녀의 무릎에서 잠을 청했다고 한다. 잠든 동안 마을 사람들은 아판크를 둘러쌌고 호수로부터 멀리 떨어진 곳으로 끌어내었다. 아판크는 잠이 깬 뒤 격노했지만, 물 밖이었기에 무기력하게 마을 사람들로부터 죽임을 당했다고 전해진다.

암 피어 리아스 모르
Am Fear Liath Mòr

암 피어 리아스 모르는 스코틀랜드 민담에서 전해 내려오는 전설의 동물이다. 암 피어 피아스 모르는 스코틀랜드 게일어로 '큰 회색 남성'이라는 뜻을 갖고 있으며, 목격되는 지역은 스코틀랜드 동부의 케언곰(Cairngorms) 산맥과 영국의 벤 맥두이(Ben Macdui) 산맥 부근이라고 한다.

암 피어 리아스 모르는 키가 20피트(약 6미터)가 넘으며, 피부와 머리카락이 검고 팔과 다리가 길다고 한다. 몸은 근육질이며 어깨도 매우 넓다. 이 생물을 보았다는 목격자는 거의 없으나, 목격자들의 증언에 따르면, 고산지대의 안개 속에 희미하게 등장하며 등반가의 뒤를 몰래 따라 걷곤 하는데 이때는 자갈이 부서지는 듯한 소리가 난다고 한다.

암 피어 리아스 모르를 목격한 사람은 많지 않으나, 1925년 유명한 등반가이며 교수이자 왕립지리학회의 회원인 콜리(Collie)는 자신이 1891년 벤 맥두이 산맥을 오르면서 경험한 일에 대해 밝혔던 적이 있다.

그는 안개 속에서 산을 등반하고 있었으며, 자신의 발자국과 일치하는 듯하기도 하고 일치하지 않는 듯하기도 한 불쾌한 자갈 소리가 어느 순간부터 들려왔다고 한다. 그 소리는 어느 정도 지속되었고, 콜리는 분명 무엇인가 자신의 뒤를 따라오고 있다는 것을 느끼고 있었다. 그러던 중, 갑자기 뒤를 돌아보자 사람의 형체를 띈 거대한 생물체가 안개 속으로 몸을 감추었다고 한다.

콜리의 증언은 지역 언론에 보도되었고 지역 마을에서는 진위 여부를 놓고 논쟁이 되었다. 명확한 증거가 없었기에 진위 여부는 밝혀지지 않았으나, 콜리와 비슷한 경험을 한 여러 사람들의 증언이 뒤를 이으며 암 피어 리아스 모르의 실존 여부에 대한 사람들의 논쟁은 지속되었다.

이러한 목격 증언에 대해 심리학자들은 고산지대를 등반하는 등반가들이 피곤한 심리 및 육체상태로 인해 환상을 본 것이라고 주장하였다. 또한, 거대하게 보이던 생물체의 모습은 고산지대의 특수한 대기 조건과 태양의 특정 각도가 만들어낸 큰 그림자에 불과하다는 과학자들의 증언도 함께 주장되었다.

하지만, 여전히 암 피어 리아스 모르에 대한 목격 증언은 곳곳에서 보고되고 있으며 존재의 진위 여부에 대해서는 논란이 되고 있다.

얀간트이탄
Yan_gant_y_tan

얀간트이탄은 프랑스의 피니스테르(Finistère) 지역에서 밤이 되면 방황하는 존재이다. 얀간트이탄은 온몸이 털로 뒤덮인 늙고 청결하지 못한 야생인으로 묘사된다. 얼핏 보면 유인원이나 부랑자와도 닮아있으나, 그들과 분명하게 구분되는 것은 그의 오른손에 들린 다섯 개의 촛불이다. 그는 오른손의 다섯 손가락에 다섯 개의 촛불을 들고 바퀴처럼 회전시키며 밤거리를 배회한다.

프랑스의 밤거리에서 그를 만나는 것은 불길한 징조라고 여겨진다. 그와의 만남을 방지하기 위해서는 금이나 금 사슬로 된 작은 가방을 지녀야 한다.

하지만 그와의 만남이 불길한 징조로 여겨지는 것과는 대조적으로 막상 얀간트이탄을 만나면, 마주치는 사람에게 자신이 들고 있던 다섯 개의 촛불을 건네주고 어두운 길을 밝힐 수 있도록 돕는다고 한다.

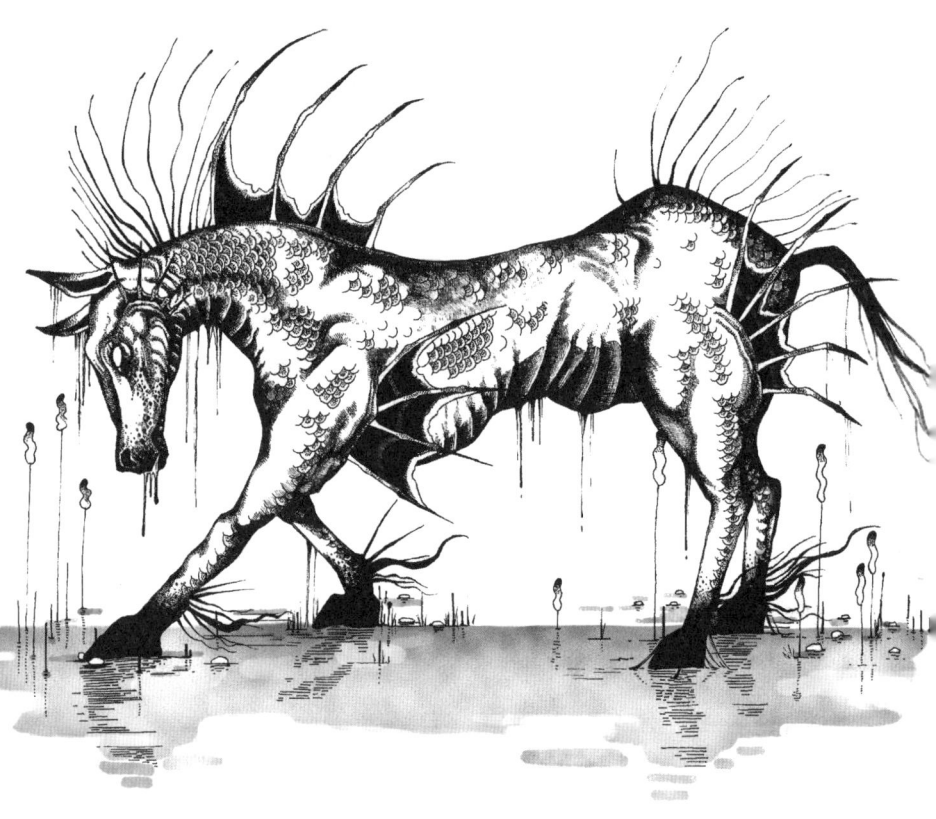

에흐으시커
Each_uisge

에흐으시커는 스코틀랜드 신화에 존재하는 물의 정령이다. 물에 사는 말로 알려져 있으며, 성격은 매우 사납고 포악하다고 전해진다. 사람에게도 적대적이어서 에흐으시커를 만나면 위험하다. 에흐으시커는 바다, 호수 등 물에 산다. 몸은 녹색빛을 띠고, 물고기의 비늘이 덮여있으며, 목과 다리에 듬성듬성 털이 나있다.

자신의 몸을 사람, 새, 다양한 종류의 말로 변형시킬 수 있다. 말로 자신의 몸을 변형시켜 물가를 거닐고 있다가 사람이 다가오면 온순한 척 다가간다. 사람은 에흐으시커의 온순함을 보고 등 위로 올라타는데, 그 순간 에흐으시커는 깊은 물속으로 사람을 데려가 익사시킨 후 잡아먹는다고 한다.

엔바르
Enbarr

　엔바르는 아일랜드 신화 속에 존재하는 신비로운 말이며, 육지와 바다를 모두 횡단할 수 있고 바람보다 빠른 속도로 질주가 가능하다. 엔바르는 바다의 신이자 바다의 아들로도 알려진 마나난 맥 리르(Manannan mac Lir)의 탈것이었다.

　엔바르는 훌륭한 말갈기를 지녔으며, 엔바르를 타고 있는 사람은 어떠한 공격에도 피해를 입지 않는 능력을 갖는다.

엘렌 트레첸드
Ellén Trechend

　엘렌 트레첸드는 아일랜드 신화에 존재하는 머리가 세 개 달린 새이자 괴물이다. 아일랜드에 위치한 '크루아첸(Cruachan) 동굴'에서 살았다고 전해진다. 성격이 매우 포악하여 아일랜드 전체를 쑥대밭으로 만들곤 했다. 엘렌 트레첸드의 머리에서는 뜨거운 불이 뿜어져 나와 삽시간에 마을을 초토화시켰다고 전해진다. 하지만 시인이자 전사였던 아메르긴 막 에키트(Amergin mac Eccit)에 의해 죽음을 맞는다.

오울맨
Owlman

콘월 민담에서 존재하는 오울맨은 '올빼미 인간'이라는 뜻이다. 1976년 영국 콘월 지역의 한 마을에서 목격되었다고 하는데, 생김새는 올빼미와 사람을 섞어놓은 모습이었다고 한다.

1976년 영국의 모넌(Mawnan) 지역으로 가족과 여행을 갔던 두 자매는 한 지역 교회의 탑 위를 맴도는 날개 달린 큰 생물체를 목격하게 된다. 자세히 보니, 그냥 새라기엔 형체가 너무 기괴했고 마치 올빼미와 사람이 섞여있는 듯한 모습이었다. 기괴한 생김새에 너무 놀라 아버지에게 말했고, 그 길로 휴가를 중단하고 집으로 돌아갔다고 한다. 이후 그 지역에는 '오울맨'이라는 별명으로 소문이 퍼져나갔고, 1978년, 1979년 등 교회 주변에서 오울맨을 목격했다는 증언들이 종종 발생하였다.

혹자는 오울맨이 거대한 독수리였을 가능성이 높다고 주장하였지만, 오울맨의 정체는 아직도 밝혀지지 않은 채로 남아있다.

울버
Wulver

　울버는 스코틀랜드 민담에 존재하는 늑대인간이다. 울버는 늑대의 머리를 가진 털복숭이 사람처럼 보인다. 숲속에 있는 동굴에 주로 살며, 폭포 밑이나 연못 등에서 낚시를 즐겨한다. 낚시를 해서 잡은 물고기들을 즐겨 먹으며, 잡은 물고기들을 주변 마을 사람들에게 나누어 줄 정도로 사람들과 잘 어울린다고 전해진다. 하지만, 울버를 도발하거나 자극하면 폭력적으로 변한다.

　일부 사람들은 그가 늑대인간과 같이 신비로운 생물체가 아닌, 질병에 걸려 산 속에서 지내는 인간이라고 주장한다.

워터 리퍼
Water leaper

　워터 리퍼는 영국 웨일스 민담에서 전해 내려오는 사악한 생물이다. 앞다리 대신 박쥐의 날개, 뒷다리, 끝에 뾰족한 침이 있는 긴 도마뱀과 같은 꼬리를 가진 개구리의 외형을 갖고 있다. 날개를 사용하여 물 위를 뛰어다니기도 한다. 워터 리퍼는 꼬리에 달린 날카로운 침을 이용하여 낚시를 하고 있는 어부들의 낚싯줄을 끊거나, 심지어는 물가 근처를 오고 가는 사람과 가축들도 공격하여 물로 데려가 익사시킨 후 먹는다고 한다.

　워터 리퍼는 보통 혼자 있기보다는 떼를 지어 다닌다. 따라서, 워터 리퍼 한 마리로만 보면 크게 위협적이지는 않지만 여러 마리가 모여 하나의 대상을 집중적으로 공격하기 때문에 굉장히 무서운 생물이다.

워터불
Water bull

　워터불은 물황소이며, 스코틀랜드 신화 속에 존재하는 전설적인 동물이다. 워터불은 온몸이 검은 털로 뒤덮여 있으며, 흉폭하게 생겼다. 습지대에 주로 살지만, 외형을 인간으로 바꿔 육지에서도 살 수 있다.

　수컷 워터불은 주변을 지나는 암소들과 짝짓기를 하는데, 짝짓기의 결과로 귀에 기형이 있는 송아지를 낳는다고 한다. 귀는 얼핏 보면 절반이 잘린 형태이며, 색깔은 자주색을 띤다고 한다.

　워터불이 낳은 송아지가 있는 곳에는 불행이 닥쳐온다는 믿음이 있다. 따라서 소를 키우는 농부들은 소 무리 사이에 귀가 이상한 송아지를 발견하면 워터불의 새끼라고 간주하여, 곧바로 죽인다. 물에 빠뜨리더라도 죽지 않는다. 워터불을 죽이려면, 은으로 만든 총알이나 칼을 사용해야 한다.

월퍼팅거
Wolpertinger

　월퍼팅거는 독일 남부 숲에 서식한다고 전해지는 전설의 동물이다. 월퍼팅거는 다양한 동물의 부위로 몸이 구성되어있다. 토끼의 머리, 다람쥐의 몸, 사슴의 뿔, 꿩의 날개를 갖고 있는 것이 특징이다.

　월퍼팅거는 수줍음이 많고 온순하여 허브잎이나 나무뿌리, 작은 곤충 등을 먹으며 산다. 인간에게 해를 미치지 않지만, 월퍼팅거의 타액이 피부에 닿으면 짐승의 털이 자란다고 한다. 월퍼팅거가 위협을 받으면 스컹크처럼 악취를 내뿜는데, 악취는 7년 동안이나 지속될 만큼 지독하다고 전해진다.

　월퍼팅거를 잡기 위해서는 매력적이고, 결혼을 하지 않은 여성과 함께 숲으로 들어가야 한다. 월퍼팅거는 겁이 많기에 사람 가까이 접근은 하지 않는다. 월퍼팅거는 빛에 호기심을 느끼기 때문에 덫을 설치하고 덫 주변에 촛불을 켜놓으면 된다.

조인트 이터
Joint_eater

켈트 신화에서 전해 내려오는 조인트 이터는 특정 사람의 입으로 들어가 그 사람이 먹는 음식의 절반을 빼앗아 먹는 괴물이다. 강이나 개울가 주변을 걷던 사람이 잠이 들면 조인트 이터는 잠든 사람의 입속으로 기어 들어가 그 사람이 먹었던 음식을 먹는다. 따라서, 조인트 이터에게 감염된 사람은 아무리 먹어도 살이 찌지 않고 허기를 느끼게 된다.

이미 몸속으로 들어온 조인트 이터를 제거하기 위한 방법이 있다. 일단, 조인트 이터에게 감염이 되면 물을 절대 먹으면 안 된다. 대신, 소금에 절인 고기를 많이 먹고 배가 너무 불러 더 이상 먹을 수 없을 때가 되면 강이나 개울가로 간다. 도착한 후, 입을 벌리고 강 혹은 개울가 주변에 누워있으면 소금을 잔뜩 먹은 조인트 이터가 목이 말라 입 밖으로 나와 다시 강 속으로 들어간다고 한다.

지미 스퀘어풋
Jimmy Squarefoot

    지미 스퀘어풋은 맨섬에 사는 전설적인 괴물이다. 지미 스퀘어풋은 돼지머리를 갖고 있으며, 몸은 사람의 모습과 닮아있다. 따라서 이족 보행을 한다. 그는 멧돼지처럼 두 개의 큰 어금니를 갖고 있으며, 발은 '사각형의 발'을 뜻하는 그의 이름에서 볼 수 있듯이 사각형 모양으로 특이하게 생겼다.

    지미 스퀘어풋은 난폭한 생물체인 듯 보이지만, 성격이 매우 온순해서 이곳저곳을 배회하며 평화롭게 산책하는 것을 좋아한다. 그는 거인들이 타고 다니던 짐승이었다고도 알려져 있다.

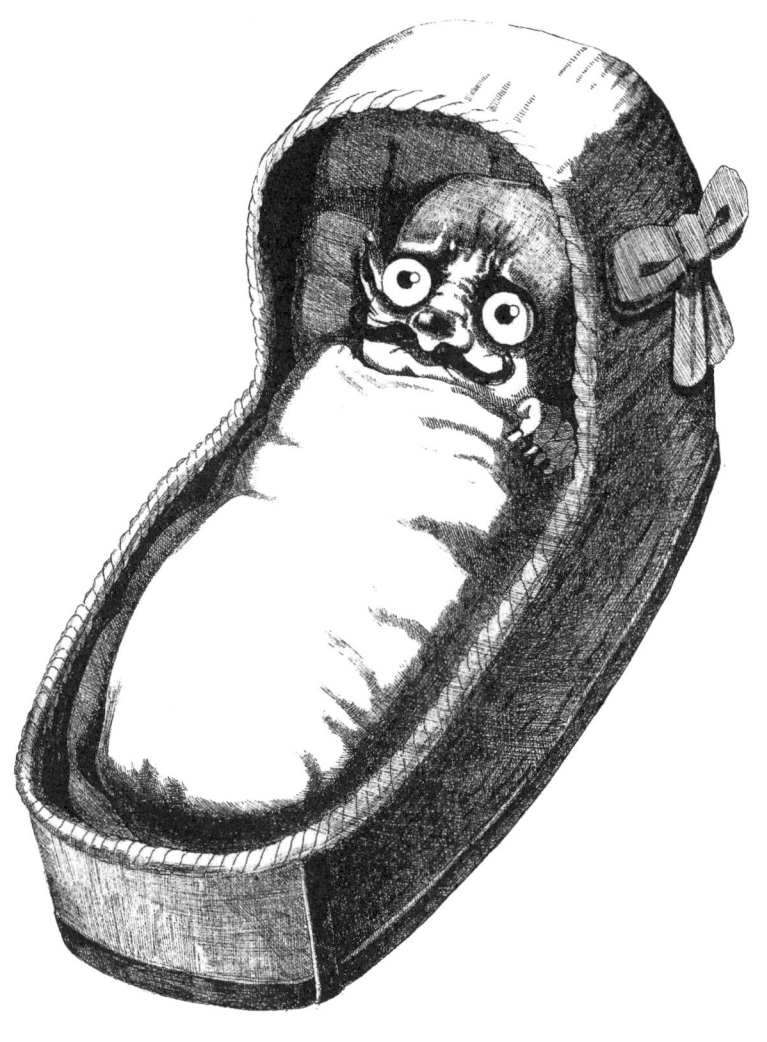

체인지링
Changeling

　체인지링은 유럽 전역의 민담에 존재하는 요정이다. 체인지링은 요정에 의해 바꿔치기 당한 기이하게 생긴 아이를 닮은 존재인데, 전체적으로 갓난아이의 모습을 하고는 있으나 눈이 심하게 크다거나 수염이나 긴 이빨이 나거나 얼굴에 주름이 심하게 지는 등 자세히 보면 비정상적인 모습을 하고 있다.

　요정들은 자신들의 종으로 삼거나, 인간 아이에 대한 사랑 등을 이유로 갓난아이를 납치하는데 이 과정에서 체인지링을 갓난아이 대신 담요 속에 넣어놓고 도망간다. 요정이 갓난아이와 체인지링을 바꿔치기하는 것을 막기 위해서는 갓난아이가 자는 곳 주변에 코트를 거꾸로 걸어놓거나 철제 가위를 놓는다고 한다. 또한, 아이를 계속해서 감시하여 요정이 갓난아이를 바꿔치기 하는 것을 방지할 수 있다.

　하지만, 이미 요정이 자신의 갓난아이를 체인지링과 바꿔치기 했다면 체인지링에게 인간의 모유를 먹이거나, 체인지링에게 술을 먹여 자신의 실제 나이를 말하게 만든다거나 하여 아이를 되찾을 수 있다고 전해신다.

치레인 크로인
Cirein_cròin

　치레인 크로인은 스코틀랜드 민담에 나오는 큰 바다 괴물이다. 치레인 크로인의 몸은 너무나 거대해서 고래 7마리를 한꺼번에 먹을 정도라고 한다.

　어부들과 마주쳤을 때, 착시현상을 일으켜 마치 작은 물고기 한 마리인 것처럼 보이도록 자신의 몸을 숨길 수 있다고 한다. 어부들이 실수로 그 물고기를 잡았을 경우, 거대한 몸을 이용하여 어부들을 잡아먹는다고 한다.

카스 팔루그
Cath Palug

카스 팔루그는 웨일스 신화에서 등장하는 괴물 고양이이다. 귀네드 지역에서 헨웬이라고 불리는 하얗고 거대한 암퇘지로부터 태어났다. 인간에게 입양된 카스 팔루그는 얼마 지나지 않아 버려지지만, 형제들에 의해 길러졌다.

카스 팔루그는 싸움을 매우 잘하는 것으로 전해진다. 문헌에 따라 조금씩 차이는 있지만, 원탁의 기사들과 함께 왕국을 건설했다고 전해지는 아서 왕과 결투를 했다고 전해진다. 영국의 앵글시 섬에서 아서 왕의 군대와 전쟁을 벌이던 중 180명 이상의 전사들을 혼자서 무찔렀다.

하지만, 결투의 결과는 문헌에 따라 다르다. 아서 왕이 카스 팔루그를 물리쳤다는 이야기도 있으며, 반대로 카스팔루그가 아서 왕을 죽이고 왕좌를 빼앗았다는 이야기도 있다. 어찌되었든 카스팔루그는 아서 왕과 버금갈 정도로 전투력이 높은 존재임에는 확실하다. 이후, 카스팔루그는 아서 왕을 수행하던 원탁의 기사 중 케이에게 죽임을 당했다고 한다.

카오이네그
Caoineag

카오이네그는 스코틀랜드 민담에 등장하는 여성 유령이다. 카오이네그라는 뜻은 '흐느끼는 사람, 우는 사람'이다. 보통 그녀는 모습을 드러내지 않는다. 대신 호수나 강가, 폭포, 산등성이 등에서 흐느낌을 통해 누군가의 죽음을 예언한다.

스코틀랜드의 민속학자 알렉산더 카마이클은 그의 저서 《카르미나 가델리카(Carmina Gadelica)》에서, 전쟁이 벌어지면 카오이네그는 전쟁터에서 수많은 사람의 죽음을 예언하며 여러 장소에서 계속해서 울었다고 한다. 이러한 울음소리는 전쟁터에 자신의 아들을 보낸 부모들의 걱정을 일으켰다.

카오이네그는 1692년 스코틀랜드 글렌코(Glencoe)에서 벌어진 대학살을 예언하기도 했다. 당시 캠벨(Campbell)가문은 군인을 동원하여 잉글랜드의 왕 윌리엄 3세에 대해 충성을 다하지 않은 맥도널드(Macdonald) 가문을 글렌코 산골짜기에서 학살했다. 대학살이 벌어지기 전에 글렌코 산골짜기에서는 카오이네그의 울음소리가 날카롭게 울려퍼졌다고 한다.

코블리나우
Coblynau

　코블리나우는 영국 북부와 중부 잉글랜드 민담에서 존재하는 난쟁이 정령의 일종이다. 코블리나우의 신장은 약 45cm로 매우 작으며, 마치 광부들이 착용하는 보호 장비를 연상시키는 의상을 입고 있다.

　코블리나우는 광산이나 채석장에 거주하며, 매우 근면하게 일을 한다. 특별히 인간을 돕거나 하지는 않으며, 광산에서 채굴을 열심히 하는 목적은 밝혀지지 않았다고 한다. 그럼에도 그들의 일은 끝나지 않는다고 한다.

　광부들이 광산에서 일을 하다가 코블리나우를 마주쳤을 때 존경심을 표하면 그들은 광부들에게 값어치가 높은 광물들이 매장된 위치를 몰래 알려준다고 한다. 하지만 코블리나우들의 신경을 거슬리게 하는 행동을 한다면 광산터널을 무너뜨린다거나 바위가 산으로부터 굴러 떨어지게 만드는 등 매우 난폭하게 광부들의 일을 방해한다고 한다.

　코블리나우들은 일을 하지 않을 때 자신들끼리 모여서 춤을 추며 시간을 보낸다고 전해진다.

쿠시스
Cù_sìth

쿠시스는 스코틀랜드 민담에서 전해지는 전설의 사냥개이다. 쿠시스는 바위 틈에 집을 짓고 살며, 평소에는 고원 지역의 황무지를 배회한다. 쿠시스는 얽히고설킨 짙은 녹색털을 갖고 있으며, 몸의 크기는 작은 소만큼 크다고 한다.

쿠시스는 짐승들을 사냥하여 먹는데, 아무런 소리를 내지 않고 짐승들의 뒤를 덮쳐 잡아먹는다. 하지만 간혹 크게 울부짖을 때가 있는데, 3번째 울음소리가 나기 전에 자신의 몸을 숨겨야 쿠시스에게 사냥당하지 않는다고 한다.

쿠시스는 죽은 자들의 영혼을 지하세계로 인도하는 역할을 한다고 전해진다.

쿤 아눈
Cŵn Annwn

쿤 아눈은 웨일스 신화에 등장하는 개의 형상을 한 정령이다. 켈트 신화에 나오는 신적 존재들 혹은 망자들이 사는 장소인 별세계(Otherworld)인 아눈(Annwn)에서 거주한다. 즉, 쿤 아눈이란 '아눈'에 사는 '사냥개'라는 뜻이다.

쿤 아눈의 주인은 아눈을 다스리는 왕인 아라운(Arawn)이며, 쿤 아눈들은 아라운의 명령에 따라 사냥을 한다. 웨일스 신화인 '마비노기'에 따르면, 아라운이 쿤 아눈들을 풀어 사냥을 하고 있었는데, 당시 소왕국 더베드(Dyfed)의 왕 푸일(Pwyll)도 마침 개 사냥을 하고 있었다. 쿤 아눈들이 먼저 사슴을 잡았는데, 푸일은 쿤 아눈들을 쫓아내고 자신의 개들에게 사슴고기를 먹였다. 이를 알게 된 아라운은 매우 분노하게 되고, 푸일이 잘못을 저질렀으니 자신의 소원을 한 가지 들어달라고 한다. 푸일은 이를 승낙하였고, 아라운의 소원은 당시 아눈의 라이벌이었던 또 다른 소왕국의 왕 하프간(Hafgan)을 물리쳐 달라는 것이었다. 결국, 푸일은 하프간을 물리치는 데에 성공하고 아라운과 절친한 친구가 된다.

크라켄
Kraken

크라켄은 노르웨이 주변 해역에서 출몰하는 거대한 크기의 전설적인 바다괴물이다. 크라켄은 1700년대 노르웨이의 사제였던 프란체스코 네그리(Francesco Negri)의 여행기에서 처음으로 묘사되었다. 이후 많은 목격자에 의해 크라켄의 존재가 널리 퍼지게 되었다.

크라켄은 거대 문어 혹은 오징어의 모습을 하고 있으며, 길이는 약 15m 정도까지 큰다. 크라켄은 생각보다 소심해서 심해에서 조용히 쉬는 것을 좋아 하지만, 외부의 자극을 받으면 공격적으로 변하여 크라켄이 사는 지역을 지나는 배들을 공격한다. 주로 거대한 몸과 촉수를 이용해서 배를 감싸서 난파시킨다. 따라서 노르웨이 주변 해역을 지나는 배들이 갑자기 소식이 끊기거나 난파되는 사건이 발생하면 사람들은 크라켄의 소행으로 생각한다. 간혹 주변 해역을 지나는 배에 의문의 초대형 빨판 자국이 발견되기도 한다.

크라켄은 고래와 같은 거대물고기들을 먹으며, 바위나 섬처럼 위장을 하여 물고기들을 호르몬으로 유인한다.

크람푸스
Krampus

크람푸스는 유럽 중부 및 알프스 지역 민담에서 전해 내려오는 정령이다. 온몸에는 검은색 털이 있으며, 염소의 발과 뿔을 갖고 있다. 입에서는 길고 뾰족한 혀가 튀어나와 있다. 악마의 상징인 쇠사슬이 그의 양손에 묶여 있으며, 자작나무로 만든 회초리를 들고 다닌다. 때에 따라 채찍을 들고 다닌다. 등에도 자작나무로 만든 바구니를 매달고 있으며, 죽은 아이들의 영혼이나 나쁜 아이들을 납치할 때 넣어서 이동한다.

산타클로스를 돕는 일을 하며, 착한 아이에게는 초콜릿 과자 등을 선물하고, 나쁜 일을 한 아이에게는 자신의 회초리로 처벌한다.

클루리콘
Clurichaun

 클루리콘은 아일랜드 민담에 등장하는 장난꾸러기 요정이다. 클루리콘은 술을 매우 좋아하고 양조장, 펍, 와인 저장고에 주로 출몰한다. 클루리콘은 키가 약 15cm에 불과할 정도로 매우 작으며, 늙은 남성의 얼굴을 갖고 있다. 그는 항상 술을 마시기에 과음으로 인해 눈과 코가 빨간색이다.

 클루리콘은 얼핏 보면 키도 작고 볼품이 없어 만만해 보이지만 생각보다 사람들에게 끔찍한 장난을 친다. 민담에 따르면, 한 청년이 겨울 밤 집으로 돌아가는 길에 클루리콘을 만났다. 클루리콘은 청년에게 날씨가 너무 추우니 몸을 따뜻하게 하기 위해 술 한 잔을 먹으라고 제안했다. 청년이 술을 마시자 클루리콘은 친절하던 태도를 바꿔 겁을 주며 터무니없이 비싼 가격을 내라고 청년을 윽박질렀다. 청년이 돈을 낼 수 없다고 하자 클루리콘은 7년 동안 자신의 노예가 되어 심부름을 하라고 저주를 내린다. 청년은 기도를 통해 저주를 깼지만, 클루리콘은 난폭한 존재임에 틀림이 없다. 클루리콘은 자신의 맘에 들지 않으면 폭력을 행사한다고 전해진다.

킬모울리스
Kilmoulis

　킬모울리스는 영국과 스코틀랜드 국경 지역 민담에서 전해지는 요정이다. 킬모울리스는 주로 방앗간에 등장하며, 방앗간 주인을 골탕 먹이는 것을 좋아한다. 킬모울리스는 입이 없는 대신 긴 코를 갖고 있다. 그래서 코를 통해 음식을 섭취한다.

　킬모울리스는 방앗간 주인을 골탕 먹이기도 하지만, 방앗간에 있는 음식물 찌꺼기들을 먹으며 방앗간이 깨끗하게 유지되도록 돕는다. 따라서 방앗간 주인들은 킬모울리스가 자신을 골탕 먹이더라도 깨끗한 방앗간을 위해 쫓아내지 않는다.

타라스크
Tarasque

　타라스크는 프랑스 남부 프로방스(Provence) 지역에 산다고 전해지는 무서운 용이다. 타라스크는 사자 같은 머리, 거북이 같은 등껍질로 보호되는 몸, 곰 같은 발톱이 있으며, 뱀의 비늘로 된 꼬리를 갖고 있다.

　타라스크는 독이 포함된 숨을 내뿜으며, 눈에서는 유황 성분이 포함된 불꽃을 뿜어낸다. 타라스크의 똥은 용암에서 뿜어져 나왔다고 할 만큼 뜨거워서 사람들에게 똥을 던져 화상을 입히기도 한다. 이빨은 매우 날카로워 가까이 접근하는 사람들을 갈기갈기 찢어버린다고 한다. 타라스크는 육지뿐만 아니라 물속에서도 자유로이 움직일 수 있어, 강에 숨어서 강을 건너려는 사람을 공격하고 배를 침몰시킨다.

　성경에 등장하는 '마르다(Martha)'라는 여성이 타라스크를 제압했다고 전해지는데, 성수를 뿌리고 십자가를 갖다대어 복종시킨 다음 목줄을 채워 마을 사람들에게 제물로 갖다 주었다고 전해진다.

타첼부름
Tatzelwurm

  타첼부름은 스위스 등을 포함한 중남부 유럽 지역 민담에 전해 내려오는 생물로 상반신은 고양이, 하반신은 뱀의 꼬리를 하고 있다. 타첼부름의 이빨에는 독이 묻어있으며, 숨결에는 독성이 포함되어있다. 몸길이는 상반신과 하반신을 포함하여 약 2미터 정도이다. 타첼부름은 날카로운 손톱을 이용하여 사람뿐만 아니라 가축들도 사냥하여 잡아먹는다.

  타첼부름은 소의 우유를 좋아하여, 마을 사람들이 소의 젖을 짜 가득 채운 젖통이 아무도 모르게 비워져 있으면 타첼부름의 소행이라고 생각한다. 타첼부름이 배가 고프면 소에게 접근하여 직접 젖을 빨아먹어 소의 젖이 나오지 않을 때도 있다고 한다.

탕기
Tangie

탕기는 영국의 셰틀랜드(Shetland)섬 민담에 등장하는 바다 정령이다. 해마 또는 인어의 모습을 하고 있으며 온몸에 해초를 뒤덮고 있는 것이 특징이다. 탕기는 자유자재로 변신할 수 있으며, 주로 말이나 노인으로 자신의 몸을 바꾼다고 한다.

밤에 홀로 호수 근처를 거니는 젊은 여성을 위협하는 것으로 유명하며, 여성을 물속으로 데려가 익사시킨 후 먹는다고 한다.

트로우
Trow

  트로우는 영국 셰틀랜드(Shetland)섬에서 전해 내려오는 전설 속의 장난꾸러기 요정이다. 트로우는 밤에 주로 활동을 하며, 낮에는 흙 더미 속에서 잠을 잔다. 마을에 사람들이 잠이 들면, 트로우는 일어나서 사람들의 집으로 들어가 가정 집기들을 엉망으로 만들어 놓는다. 트로우는 음악을 특별히 좋아하기에 길을 지나가는 음악가들을 납치하여 자신들이 사는 곳으로 데려와 음악을 연주하게 한다. 트로우는 바이올린 연주를 좋아한다고 전해진다. 트로우에게 납치된 음악가는 그들로부터 도망쳐 나오더라도 자살을 한다고 하는데, 이유는 밝혀지지 않았다.

  트로우는 야행성이기에 낮에는 잠을 자는데, 실수로 햇빛을 보게 되면 몸이 돌이 된다. 밤새 음악을 연주하다가 해가 뜨는 줄 모르고 춤을 추다가 돌로 변한 트로우들이 많다고 한다.

트롤
Troll

　트롤은 북유럽 신화와 민담에서 존재하는 괴물이다. 트롤은 바위, 산, 동굴 등 인간의 마을과 독립된 지역에서 작은 가족단위로 산다. 트롤은 못생기고 눈치가 느리며 낮은 지능을 갖고 있다. 하지만 큰 몸집을 갖고 있는 만큼 육체적으로 강력한 힘을 지니고 있어 인간에게는 큰 위협이 될 수 있다. 바위나 나무를 한 손으로 쉽게 뽑을 수 있다고 한다. 육체적인 힘뿐만 아니라 자신의 몸을 투명으로 만드는 마법, 영혼을 다른 물건에 옮기거나 대량의 물을 옮기는 등의 마법도 부릴 수 있다고 한다. 인간을 마주치면 경계하며 사냥하거나 죽인다고 전해진다. 또한 자신의 거주지역 주변에 집이나 농장을 지으면 곧장 달려가 부숴놓는다고 전해진다. 하지만 인간보다 지능이 낮아 건물을 짓는 일 등을 위해 인간들에게 이용당하기도 한다.

　트롤은 주로 밤에 활동을 하는데 햇빛과 같은 밝은 빛을 보면 그대로 몸이 굳어 바위로 변한다. 따라서 북유럽 지역에 큰 바위나 산은 햇빛을 본 후에 변화한 트롤이라는 전설들이 많다.

파르다릭
Far darrig

  파르다릭은 아일랜드 민담의 요정이다. 파르다릭은 빨간 코트와 모자를 쓴다고 전해진다. 외형은 통통하며 온몸에는 털로 뒤덮여 있고 얇은 팔, 다리, 꼬리를 갖고 있다. 얼핏 보면 쥐와 외형이 닮아있다.

  아일랜드 민담 속에서 파르다릭은 장난을 잘 치는 요정으로 전해진다. 사람들을 골탕 먹이고 사람들에게 농담을 하는 것을 좋아한다. 하지만 파르다릭은 심술이 나면 사람들의 갓난아이를 훔쳐가거나, 악몽을 꾸도록 저주를 건다.

파일리니스
Failinis

파일리니스는 아일랜드 신화 속에 등장하는 전설의 개다. 파일리니스는 신화 속에 등장하는 야수들을 모두 싸워 이길 만큼 전투에 능했으며, 천하무적이었다. 전투능력 이외에도 신비한 능력을 갖고 있었는데, 바로 물을 포도주로 바꾸는 능력이었다. 또한 주변의 물질들을 금이나 은으로 만들어내는 능력도 있다고 전해진다. 자신의 몸의 크기도 자유자재로 변형할 수 있다.

파일리니스는 원래 아일랜드 신화의 대장장이었던 이루아이스(Iruaith) 왕의 것이었으나, 추후 전사이자 왕이었던 루그(Lugh) 등에게 소유권이 넘어간다.

파찬
Fachan

　파찬은 스코틀랜드 민담에서 전해 내려오는 괴물이다. 파찬은 얼굴 중앙에 한쪽 눈을 갖고 있고, 팔 대신 가슴에서 튀어나온 한 개의 손을 갖고 있다. 또한 하나의 다리로 뛰어다닌다. 파찬의 몸은 매우 거대하며, 온몸이 근육질로 되어있다. 머리와 얼굴을 제외한 온몸에는 털이 나있는데, 워낙 촘촘하게 나 있어 웬만한 갑옷보다도 단단했다고 전해진다. 머리에는 단 하나의 머리카락이 나있는데, 아무리 큰 힘으로 머리카락을 구부리려고 해도 구부려지지 않는다는 특징이 있다.

　성격은 매우 포악하다고 전해지며, 스파이크가 달린 몽둥이를 휘둘러 근처에 오는 모든 것을 쫓아내거나 죽인다. 자신 외에 살아있는 생명들은 모조리 파괴하려는 욕망이 있으며, 간혹 인간의 마을로 내려가 농장과 집 등을 파괴했다고 전해진다. 파찬은 나무, 동물 등이 없는 불모지에서 산다.

페노디리
Fenodyree

　페노디리는 맨 섬 민담에서 전해 내려오는 초자연적 생물이다. 온몸이 체모로 뒤덮여 있으며, 키는 약 7m로 매우 크다고 한다. 양과 인간이 혼합된 외형을 갖는다.

　페노디리는 인간들의 작업을 잘 도와준다. 신체기능이 매우 뛰어나, 엄청난 속도로 농지의 잡초를 자르고, 거대한 바위를 움직이는 등 육체적으로 매우 힘든 작업을 능숙하게 해낸다. 농사일뿐만 아니라 집 안의 가축들도 잘 다루며, 어부들을 위해서는 그물과 보트를 수리해준다.

　페노디리는 평소에는 맨몸으로 돌아다니는 것을 좋아한다. 작업할 때는 인간의 옷을 입기도 하지만, 경우에 따라 인간의 옷을 선물해주면 왜인지는 모르게 통곡을 하면서 도망가는 경우도 있다고 한다.

페흐
Pech

    페흐는 스코틀랜드 신화에 나오는 난쟁이다. 겉모습은 노인의 모습을 하고 있으며 키가 작기에 우습게 보이지만 육체적인 힘이 엄청나게 세다고 전해진다.

    페흐는 매우 강력한 힘을 이용해서 건축가로서 일을 했다. 그들의 힘은 거인들과도 비슷하여, 바위를 깎아 거대한 조각상을 직접 만들고 운반했다고 한다.

    스코틀랜드의 민담에서 한 마을에 살던 늙은 페흐는 자신의 건강을 확인하기 위해 길거리를 지나던 젊은이를 불러 자신의 팔 근육을 만져보라고 한다. 젊은이는 늙은 페흐를 우습게 보고 팔 근육이 없다며 약 올리고 옆에 있던 금속으로 된 컵을 건네주며 한번 구부러뜨려 보라고 제안한다. 페흐는 한 손가락으로 금속 컵을 산산조각 냈고, 젊은이는 페흐의 강한 힘을 보고 놀랐다.

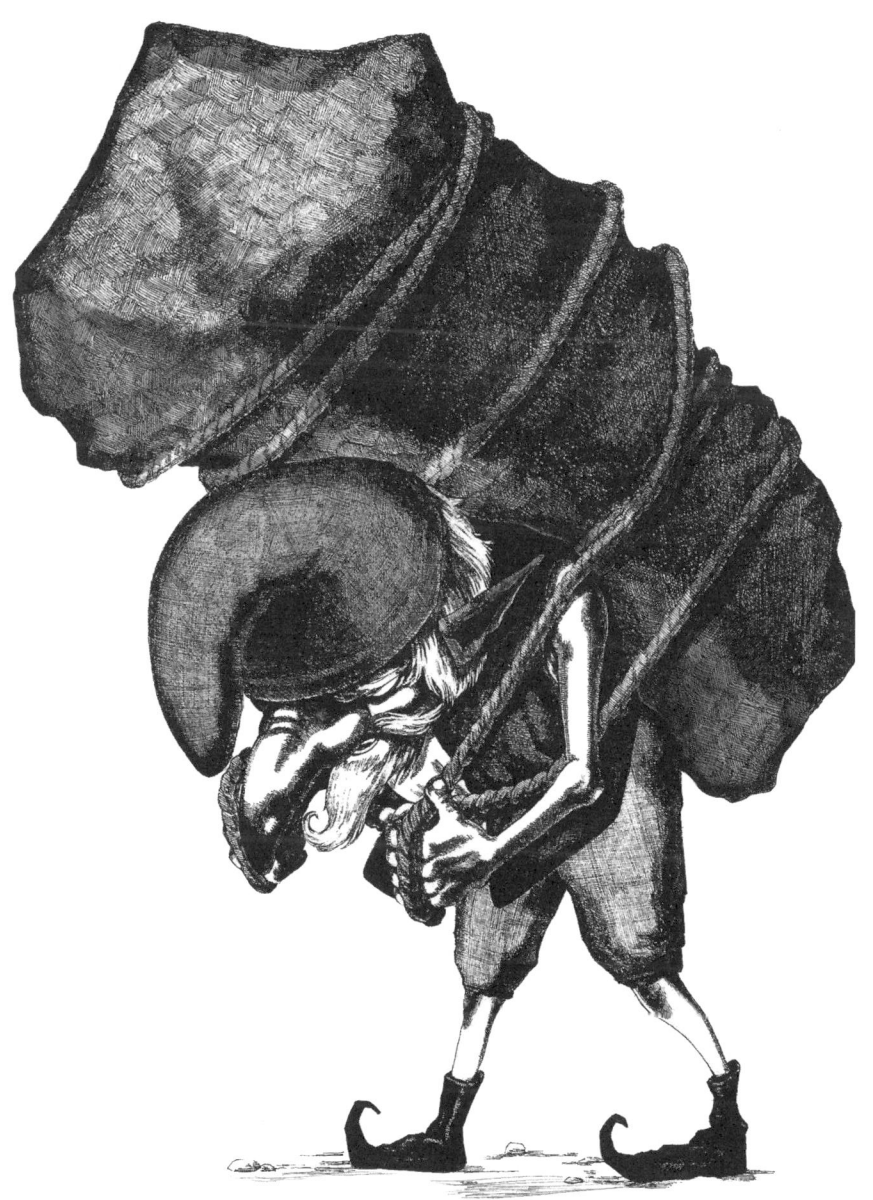

포모리안
Fomorians

포모리안은 아일랜드 신화에 등장하는 초자연적인 종족이다. 포모리안은 다른 생명체에게 매우 적대적이며 괴물 같은 존재이다. 파괴적인 힘을 갖고 있으며, 혼돈, 어둠, 죽음 등을 상징하는 종족이다. 포모리안들은 물고기, 새 등과 같은 짐승들을 먹으며, 사람들을 노예로 부리기를 좋아한다. 아일랜드 신화의 신들의 부족으로 불리는 '투아타 데 다난(Tuatha De Danann)'의 숙적이다.

포모리안은 바닷속에 거주하며, 바다를 지나는 이들을 대상으로 약탈을 행한다.

포우리
Powrie

포우리는 빨간 모자를 쓴 사악한 괴물이다. 영국과 스코틀랜드의 국경 주변에 있는 폐허가 된 성에 살고 있다고 전해진다. 그의 모자가 빨간색인 이유는 사람들을 사냥하여 죽인 뒤에 흥건하게 퍼지는 피에 자신의 모자를 적시기 때문이다.

포우리는 길고 두드러진 이빨, 독수리처럼 날카로운 손톱과 발톱, 지저분한 머리카락, 붉은색의 큰 눈을 갖고 있으며, 철제 갑옷과 장화를 신고 있다.

인간은 포우리를 육체적으로 제압할 수 없다. 아무리 육체적인 공격을 가해도 포우리는 상처를 입지 않는다. 포우리를 제압하기 위해서는 성경을 읽거나 십자가를 휘두르는 방법밖에 없다.

푸아스
Fuath

　푸아스는 스코틀랜드 민담에서 등장하는 물의 정령이자 악령의 한 종류이다. 푸아스는 양손에 커다란 집게가 달려있으며, 발에는 물갈퀴가 달려있다. 몸 곳곳에는 가시가 나있으며, 조개와 같은 생물들이 붙어있다.

　푸아스는 사람들이 사는 마을로 내려와 커다란 집게로 위협하며, 특히 여성을 납치하여 자신과 강제로 결혼하도록 한다. 푸아스와 납치된 여성 사이에서 태어난 아이 역시 손은 집게로 되어있으며 발에 물갈퀴를 갖고 있는 등 푸아스의 외형을 닮는다. 따라서 푸아스가 산다고 알려진 곳 주변 마을에서 기형아를 낳으면 푸아스의 저주에 걸렸다는 소문이 돌기도 한다.

　푸아스를 퇴치하기 위해서는 밝은 빛을 한순간에 쏘이면 되는데, 빛에 노출된 푸아스는 해파리나 젤리와 같은 물질로 녹아내린다고 한다. 이 때문에 푸아스는 밤에 주로 활동을 한다.

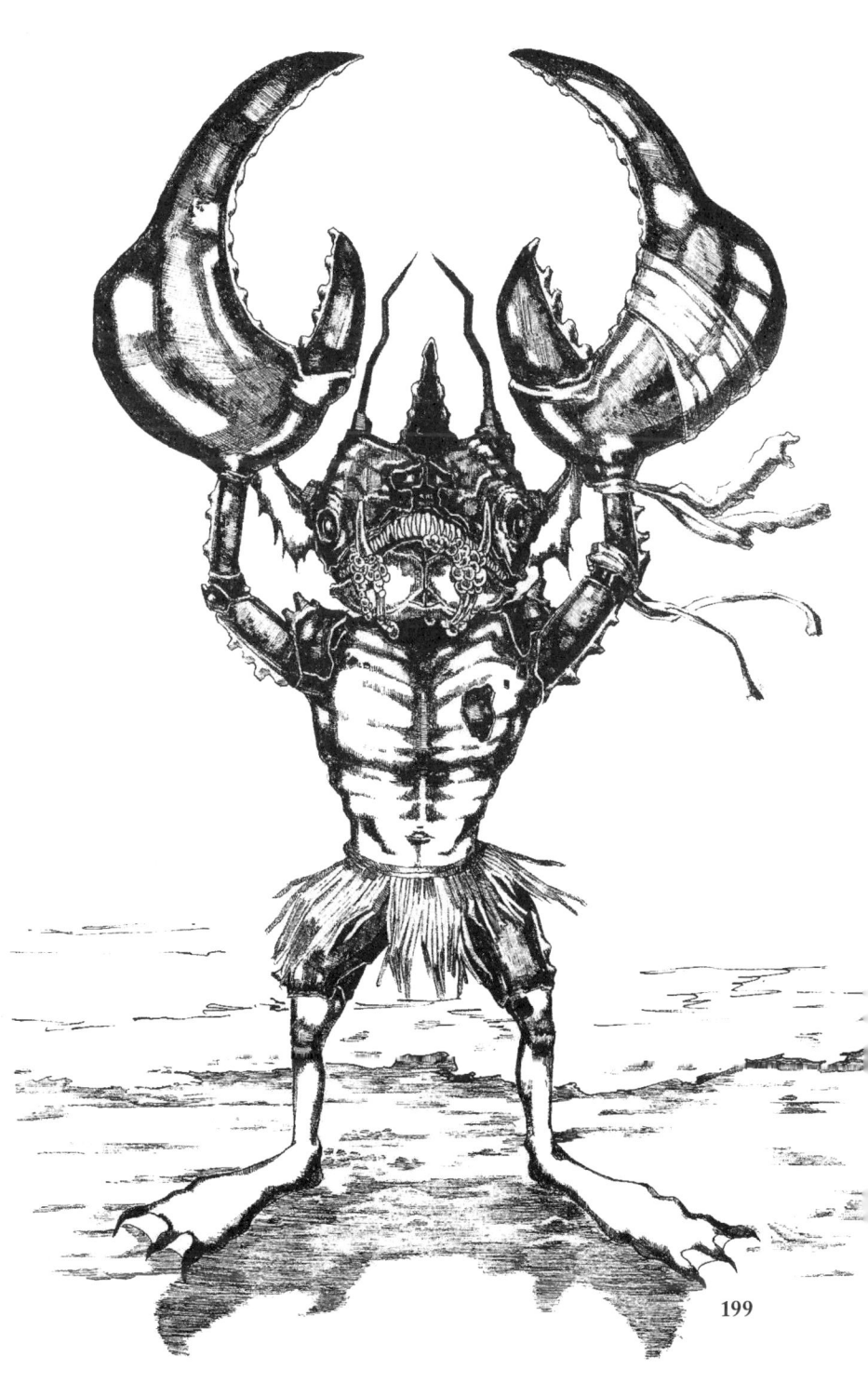

푸카
Púca

  푸카는 아일랜드 민담에 나오는 행운과 불운을 모두 가져올 수 있는 양면성을 지닌 전설의 생물이다. 얼핏 보면 원숭이와 닮아있지만, 온몸이 칠흑과 같은 검은 털로 뒤덮여 있으며 거대한 귀와 날개, 긴 꼬리를 갖고 있다. 푸카는 자신의 외형을 자유자재로 바꿀 수 있으며, 말, 염소, 고양이, 개, 토끼 등으로 변신할 수 있다. 인간의 모습으로도 변신할 수 있는데, 이럴 경우 귀나 꼬리는 여전히 자신의 모습을 유지한다.

  푸카는 사람들을 잡아먹으며, 특히, 어린 아이들을 좋아한다고 전해진다.

  푸카는 주로 숲속에 살며, 숲으로 들어오는 인간들을 유인하여 자신의 몸 위에 올라타도록 한다. 인간이 자신의 몸 위로 올라오면, 거칠게 달려가 절벽이나 강에 빠뜨린다고 한다. 푸카를 제어하기 위해서는 푸카를 탔을 때 말을 다룰 때 쓰는 '박차'를 푸카의 몸에 달면 된다고 한다.

피어 고르타
Fear gorta

   피어 고르타는 아일랜드어로 '굶주린 남자'라는 뜻을 갖고 있다. 의미에서 볼 수 있듯이 피어 고르타는 굶어서 삐쩍 마른 듯한 외형을 갖고 있다.

   민담에 따르면, 피어 고르타는 주로 시골에서 목격된다고 한다. 시골 마을에 가뭄으로 인해 기근이 찾아오면 주변 지역을 걸으며 사람들에게 구걸을 한다. 이때 피어 고르타에게 물이나 먹을 것을 주는 사람에게는 행운이 찾아온다고 알려져 있다. 하지만 반대로 피어 고르타에게 먹을 것을 베풀지 않고 그의 요구를 무시한다면 더 큰 재앙이 찾아온다고 한다.

픽시
Pixie

　픽시는 영국 민담에 존재하는 요정이다. 장난스럽고 키가 작으며 어린아이와 같은 외형을 갖고 있다. 뾰족한 귀와 요정의 날개를 갖고 있고, 녹색 옷과 뾰족한 모자를 쓰고 있다. 픽시는 주로 고인돌 등과 같은 유적지 주변에 서식한다고 알려져 있다. 이들은 춤과 음악을 매우 좋아해서 밤새 춤을 추기도 한다. 또한 서로 씨름을 하는 것도 좋아해서 무리를 지어 야외에서 놀기도 한다.

　픽시들은 짓궂은 장난을 좋아하는데, 길에서 마주치는 어린아이들을 납치하거나, 여행자들을 잘못된 길로 인도한다. 하지만 그 이상의 장난은 치지 않으며 대체적으로 인간과 어울리기를 좋아한다고 전해진다. 자신을 우호적으로 대하는 여행자들을 만나면 축복을 내리기도 하며, 형편이 어려운 사람들을 돕는 등 인간에게 우호적이다.

　픽시들은 말 타는 것을 좋아해서 말의 등 위에 올라타 이곳저곳을 달린다고 한다.

하프구파
Hafgufa

하프구파는 그린란드 해에 서식한다고 알려진 전설의 바다 생물이다. 하프구파의 몸집은 너무 커서 고래도 한 입에 삼킬 수 있을 정도라고 한다. 등에 큰 산을 짊어지고 다니기에 겉모습은 물고기보다는 물 위에 떠있는 섬처럼 보인다. 움직이지 않을 때는, 실제로 섬인 줄 알고 동물들이 하프구파의 몸 위에서 쉰다고 한다.

하프구파가 먹이를 사냥하는 방식은 크게 두 가지이다. 첫 번째는 트림을 통해 자신이 먹은 음식물들을 뱉어낸 뒤 그 음식물들을 먹으러 오는 물고기들을 삼킨다고 한다. 두 번째는 거대한 입을 벌리고 장시간 동안 물고기들이 주변에 모여들길 기다리다가 어느 정도 모여들면 뱃속으로 모인 물고기들을 빨아들인다.

하프구파의 기원은 그린란드 해협에 서식하는 거대한 몸집의 고래라는 설이 있다.

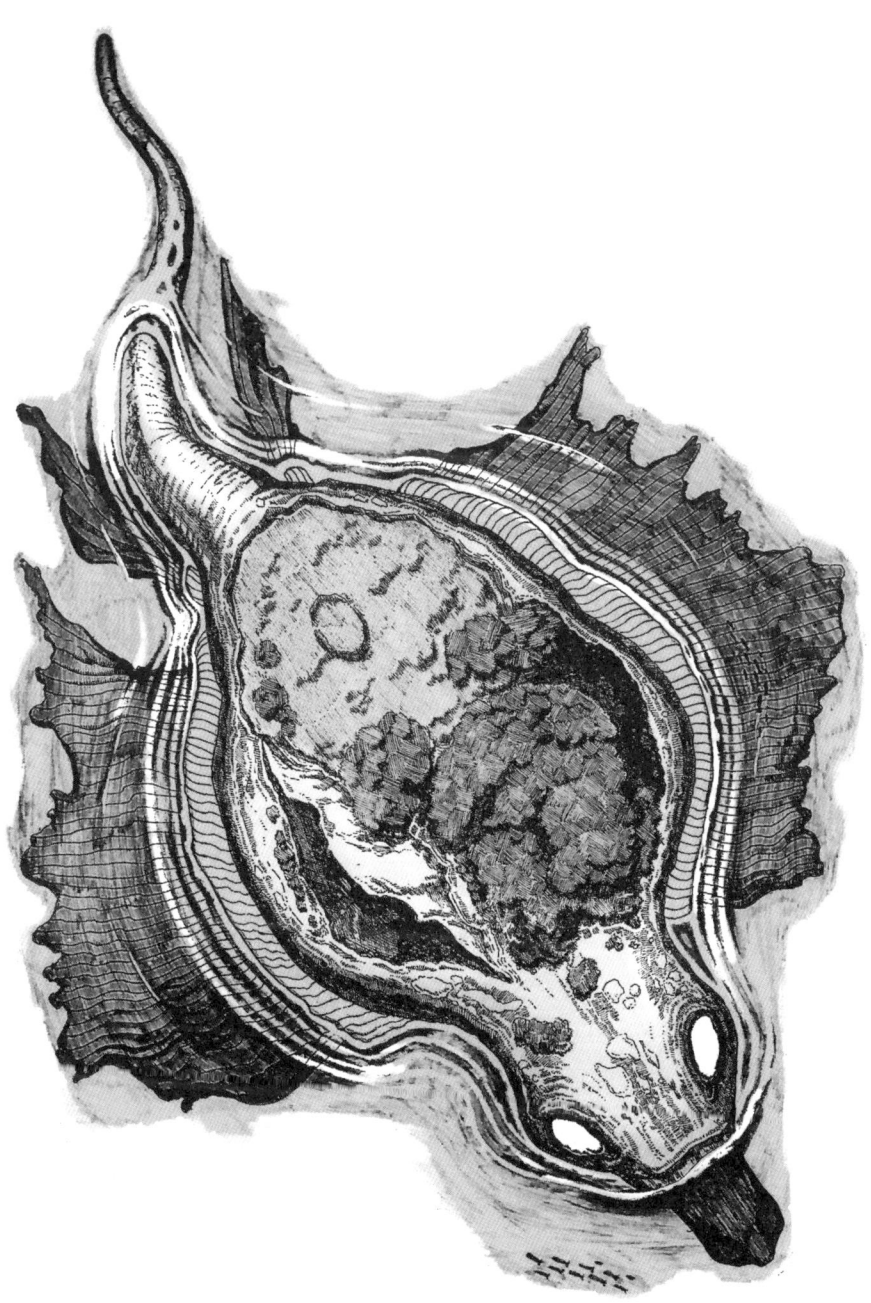

헨웬
Henwen

　헨웬은 '늙고 하얀 돼지'를 의미하며, 웨일스 신화에 등장하는 다양한 생물을 낳는 암퇘지이다. 아서왕과 싸우는 괴물 고양이 카스 팔루그를 낳았다.

　민담에 따르면, 영국의 한 섬에는 세 명의 강력한 돼지가 살고 있었다고 한다. 헨웬도 그 중 한 마리였으며, 어느 날 자녀를 잉태하고 출산할 준비가 되었다. 하지만, 암퇘지가 자녀를 출산한다는 점은 섬에서 불길한 징조로 받아들여졌기에 사람들로부터 살해 위협을 받았다. 헨웬은 사람들로부터 도망쳐 웨일즈의 궨트 지역까지 도망치게 된다. 이후 다양한 자손들을 낳게 된다.

　벌, 돼지, 늑대, 독수리, 고양이 등 다양한 동물들을 비롯하여 밀, 보리 등과 같은 곡물의 씨앗도 출산한다. 늑대와 독수리는 인간에 의해 입양이 되지만, 둘은 인간세계에 그리 잘 적응하지는 못했다고 전해진다. 고양이는 돼지를 키우는 사람에게 입양이 되었지만, 얼마 지나지 않아 몬섬이라는 곳에 버려지게 된다. 하지만, 주변에 있던 헨웬의 자녀들이 고양이를 키우게 되고 고양이는 카스 팔루그가 된다.

히시
Hiisi

히시는 핀란드 민담에서 전해 내려오는 숲에 사는 악마이다. 이야기에 따라 묘사는 다르지만, 삐쩍 마른 몸매와 주름이 특징이며, 온몸에는 오래된 앙상한 나뭇가지들을 두르고 있다. 큰 바위, 움푹 파인 곳 등에서 서식한다. 그는 기본적으로 인간과 비슷한 몸 크기를 갖고 있으나, 자신의 크기를 자유자재로 바꿀 수 있다. 히시는 숲을 지나는 사람들을 이유 없이 공격하고 괴롭히는 습성을 갖고 있다.

히시는 떼를 지어 모여살기보다는 혼자 지내는 것을 좋아한다. 외로움을 많이 느끼기 때문에 사람들을 괴롭히며 자신의 외로움을 달랜다고 추측한다.